5, Expérien médiévaux,

Appendice

APPENDICE

A L'EXPANSION EUROPÉENNE[1]

EMPIRE BRITANNIQUE

(GREATER-BRITAIN)

Population de la Grande-Bretagne (Iles-Britanniques), 1896 :
39,465,720 hab.
Excédent des naissances de 1891 à 1896 :
1,577,720, soit 300,000 par an.

POSSESSIONS ANGLAISES

SURFACE ET POPULATION

(D'après les données de l'almanach de *Gotha* de 1897.)

I. — Méditerranée.

	K. C.	HAB.	PAR K. C.
Gibraltar..........................	5	26,080	»
Malte.............................	323	171,671	531
Chypre	9,601	209,291	22
Total des possessions de la Méditerranée	**9,929**	**407,042**	

---

1. L'Appendice résume les progrès de l'Expansion européenne depuis 1894 jusqu'en 1897 et les modifications survenues dans les délimitations des possessions des différents États. La rédaction de l'Appendice a été faite par le capitaine Malleterre.

II. — Asie.

Empire de l'Inde.	K. C.	HAB.	PAR K. C.
1° *Possessions immédiates.*	—		—
Bengale.............	392,480	71,346,987	182
Provinces du N.-O et Aoudh	278,421	46,905,085	168
Pendjab......................	286,616	20,866,847	73
Assam..	126,915	5,476,833	43
Ajmir-Merwara.................	7,021	542,358	77
Madras (avec les îles Laquedives).	363,665	35,630,440	97
Bombay et Sindh	323,903	18,857,044	59
Aden et Périm	207	44,079	213
Provinces centrales. .	224,028	10,784,294	48
Berar	45,888	2,897,491	63
Kourgh.	4,100	173,055	42
Basse Birmanie . .	227,799	4,658,627	20
Haute Birmanie.....	216,186	2,946,933	14
Andaman (Port-Blair)	31	15,609	—
District de Quettah.... .. .	?	27,270	—
Total des possessions immédiates.	2,499,260	221,172,932	
2° *États tributaires et protectorats.*			
Relevant de la pr. du Bengale.	92,806	3,296,379	36
— des pr. du N.-O...... .	13,232	792,491	60
— de la pr. du Pendjab . .	99,190	4,263,280	43
— — de Madras.. . .	24,886	3,700,622	148
— — de Bombay. .	178,819	8,039,298	45
— des pr. centrales..... . .	76,234	2,160,511	28
États du Radjpoutana	337,380	11,972,386	36
Inde centrale........ ...	201,514	10,318,812	51
Baroda........	21,304	2,415,396	113
Hyderabad . .	214,179	11,537,040	54
Mysore....	72,351	4,943,604	68
Kashmir.	209,500	2,543,952	12
Sikkim	8,000	30,485	4
Manipour	21,500	221,000	11
Tribus à l'est de l'Assam........	29,100	120,000	4
Lujai et Kachim...............	121,300	300,000	2,5
États du Chan.................	200,000	1,700,000	8
Andamanes (partie) et Nicobares.	8,238	12,000	1,4
Beloutchistan	315,000	400,000	1,3
Beloutchistan britannique	35,000	145,417	4
Territoires limitrophes afghans-indiens	82,000	500,000	6
Territoire du Tchitral et de Dardu.	70,200	480,000	7
A reporter...	2,434,733	69,912,673	

	K. C.	HAB.	PAR K. C.
Report ..	2,431,733	69,912,673	29
Relevant d'Aden........ .			
Protectorats arabes	20,700	130,000	6
Iles de Kuria-Muria .	70	?	
Côte des Somalis	192,000	153,800	0,8
Socotora....	3,577	12,000	3
Total des Etats tributaires et protectorats	2,648,080	70,208,473	
Total génér. de l'emp. de l'Inde.	5,147,340	291,381,000	60

Antres possessions d'Asie.			
Ceylan............	63,976	3,174,950	49
Maldives (prot.)	300	30,000	100
Straits Settlements . .			
Singapore	553)	184,554)	333
Malacca.	1,839	92,170	50
Penang..	1,604)	233,218)	147
Ile de Christmas, dép .	102	14	»
Iles de Keeling, dép ..	22	554	25
Protectorats malaisiens .			
Pérak	20,600)	214,254)	10
Selangor.........	7,770)	81,592)	11
Negri Sembilau avec Sungei Ugong.	6,880(	65,219(	9
Pahang. . .	25,900)	57,462)	2
Johore... .	24,850)	300,000)	12
Bornéo septentrionale .	80,300	110,000	1,3
Labouan............	78	5,853	75
Sultanat de Brunei (prot.)	21,000	30,000	2,5
— — Sarawak (prot.) . .	106,200	320,000	3
Ile de Sprattley	?)	inhabités.	»
Cay-Amboyna	?)		
Hong-Kong	79	246,000	»
Iles de Kamârau . . .	160	500	3
Iles de Barem (prot.)....... ...	600	68,000	113
Total des autres possess. d'Asie.	362,815	5,264,400	

Empire de l'Inde...	5,147,340	291,381,000	60
Autres possessions	362,815	5,264,400	14,5
Total gén. des possess. d'Asie.	**5,510,155**	**296,645,400**	

III. — Afrique.

	k. c.	HAB	PAR k. c.
Gambie (la colonie proprement dite n'a que 179 kil. c. de superf. et 14,978 hab.)	10,690	50,000	5
Sierra-Leone	71,900	126,835	»
Côte d'Or... . .	101,160	1,473,882	14
Lagos	3,429	90,000	26
Territoire de la Compagnie du Niger	?		»
Protectorat des côtes du Niger...	?		»
— de l'Afrique orientale.	700,000	5,000,000	7
— d'Ouganda	150,000	1,000,000	7
— de Zanzibar	2,560	210,000	82
Colonie du Cap.....	746,333	1,785,000	2,4
Pondoland... .. .	10,470	150,000	14
Basoutoland	31,190	250,000	8
Protectorat des Betchouanes.....			
Territoire de la Compagnie de l'Afrique du Sud................			
Protectorat de l'Afrique centrale britannique...... .	1,665,310	1,350,000	0,8
Zambézie du Nord . .			
Natal........	42,920	543,913	13
Zoulouland	27,970	166,115	6
Total des poss. de l'Afrique.	**3,564,200**	**12,200,000**	

IV. — Amérique.

Dominion of Canada.

	k. c.	HAB	PAR k. c.
Ile du Prince-Édouard........ ..	5,180	109,078	20
Nouvelle-Ecosse	53,220	450,396	8
Nouveau-Brunswick	72,780	321,263	4
Québec........	589,200	1,488,535	3
Ontario	568,870	2,114,321	4
Manitoba................ ..	165,920	152,506	0,9
Colombie britannique	990,100	98,173	0,1
Territoires organisés....	764,000	66,797	0,1
Territ. non organisés (y compris les îles Arctiques, 777,000 k. c.).	5,558,430	32,170	—
Total du Dominion of Canada....	8,767,700	4,833,239	

	k. C	HAB.	PAR k. C.
Autres possessions d'Amérique. —	—		—
Terre-Neuve................. .	110,670	207,000	1,9
Labrador, dép ..	316,800	4,106	0,01
Honduras britannique . .	21,475	32,899	1,5
Iles de Bahama..	13,960	50,695	4
Jamaïque...	10,859	681,085	6
Iles Turques et Caïques, dép .	575	5,089	9
Iles de Cayman, dép	584	4,322	7
Cayes Pedro et Cayes Morant, dép.	?	»	»
Iles du Vent.			
Iles Vierges........	165	4,947	30
Anguilla	91	3,838	42
Saint-Christophe (St-Kitts) .	176	31,734	180
Niéves. .... {	118{	13,671}	116
Redonda . {		120}	
Barbude..	189	602	32
Antigua	251	36,259	82
Montserrat . .	83	12,338	148
Dominique..	754	27,844	37
Iles sous le Vent.			
Sainte-Lucie	614	45,109	73
Saint-Vincent. .	381	44,000	115
Grenade et Grenadines.	430	57,692	134
Barbade	430	186,000	432
Trinité et Tobago	4,839	242,812	50
Sombrero	?	?	»
Guyane britannique.	229,600	280,869	1,3
Total des autres possessions d'Amérique.............	707,000	1,793,011	
Dominion of Canada....... . .	8,767,700	4,833,239	0,6
Autres possessions d'Amérique ..	707,000	1,973,011	2,8
Total des possessions d'Amérique	**9,474,700**	**6,806,250**	

V. — Océanie.

Colonies australiennes et dépendances.	K. C.	HAB.	PAR K. C.
1° *Australie*.			
Queensland....................	1,730,721	445,155	0,2
Nouv.-Guinée britannique.	229,102	350,000	1.5
Nouv. Galles du Sud....	799,139	1,251,450	1,5
Dépend. Ile Lord Howe	16	55	3
— Ile Norfolk...	44	738	16
— Ile Pitcairn...	5	126	75
Victoria	229,078	1,179,404	5
Australie méridionale..	985,720	347,720	0,8
Territoire du Nord	1,355,891	4,682	—
Australie occidentale ...	2,527,283	82,072	0,03
Indigènes de l'Australie..	»	55,000	—
Total de l'Australie	7,857,999	3,716,102	
2° *Dépendances*			
Tasmanie....	67,894	157,456	2,3
Iles Macquarie	440	inh.	—
Nouvelle-Zélande. .	268,461	686,128)	2,7
Maoris........	»	41,993)	
Iles Chatham........ .	971	311	0,3
Iles de Cook (Hervey)....	368	8,400	21
Dépend. Iles Kermadec..	33	19	0,6
— Iles Bounty........	13)		—
— Iles des Antipodes...	53(	inhab.	—
— Iles Auckland.... .	852(		—
— Iles Campbell ...	184)		—
Total des dépend. de l'Australie..	338,269	894,298	
Total des colonies australiennes.	**8,196,268**	**4,610,400**	

Autres possessions.			
Iles Fiji....................)	20,837	121,867	0,5
Ile Rotoumah, dép .. . \			
Ile Johnston	2	»	—
Ile Fanning	40	150	4
Christmas Island (Ile de Noel) ..	607	?	—
Ile Malden......	89	168	2
Ile Starbouck..	3	inhab.	—
Iles Mahiniki....	35	1,170	13
Iles de l'Union et îles Souwarow .	24	1,020	37
Iles Phénix	42	59	1,4
Iles Gilbert	430	35,200	82
Iles Ellice	37	2,500	68
Iles Salomon du Sud..... .. .	21,645	87,000	4
Total des autres possessions...	43,791	249,100	

Australie.................. .	7,857,999	3,716,102	0,5
Dépendances de l'Australie. ..	338,269	894,298	2,6
Autres possessions	43,791	249,100	6
Total des possessions de l'O-céanie.....................	**8,240,059**	**4,859,500**	

VI. — Océan Indien.

Ile Maurice	1,914	376,219	197
Dépendances : Rodriguez... .	110	2,332	20
— Cargados, Garajos, etc.	174	415	2
— Seychelles	264	17,625	67
— Amirantes......	83	97	1,2
Ile Aldabra, etc. . .	157	»	»
Tchagos et Oil-Islands	110	689	6
Total des possessions de l'O-céan Indien..........	**2,812**	**397.377**	

VII. — Océan Atlantique.

Bermudes ..	50	15,643	315
Ascension	88	140	1,6
Sainte Hélène	123	3,877	31
Tristan da Cunha..	116	61	0,5
Iles Falkland.......	12,532	1,902	0 14
Total des possessions de l'O-céan Atlantique............	**12,909**	**21,623**	

RECAPITULATION

I. — **Méditerranée.** .	9,929	407,042	
II. **Asie..... .**	5,510,155	296,645,4000	
III. — **Afrique ...** .	3,564,200	12,200,000	
IV. - **Amérique.. .** .	9,474,700	6,806,250	
V. — **Océanie ......** .	8,240,059	4,859,500	
VI. - **Océan Indien ...**	2,812	397,877	
VII. — **Océan Atlantique** .	12,909	21,623	
TOTAL GÉNÉRAL...	**26,814,764**	**321,337,192**	

FLOTTE ANGLAISE EN 1896

Bâtiments de construction nouvelle, 1886-96 :

h⁵ d'équipage.

9 cuirassés d'escadre, 1895-96.	6,830
1 cuirassé d'escadre, 1895.....	670
2 croiseurs protégés de 1ʳᵉ classe.	1,210
17 bâtiments d'escadre cuirassés.	10,560
9 croiseurs cuirassés..........	5,110
85 croiseurs de 1ʳᵉ, 2ᵉ et 3ᵉ classe proteges.	24,020
9 croiseurs-torpilleurs......	1,500
35 canonnières-torpilleurs.....	3,230
1 bâtiment de dépôt pour les torpilles..	435
54 chasse torpilleurs...........	2,500
12 sloops....	5,460
18 canonnieres..	1,375
2 vapeurs pour le service des depêches.	220
254 bâtiments.	**63,110**

Bâtiments de construction ancienne :

10 cuirassés d'escadre, 1870-1886............	4,300
4 cuirassés (de construction récemment changee)	1,980
11 cuirassés pour la défense des côtes.......	2,287
18 bâtiments et croiseurs protégés..	10,500
2 frégates	1,200
4 croiseurs de 2ᵉ classe	1,280
6 corvettes....	1,915
14 croiseurs de 3ᵉ classe .	3,380
1 bâtiment de dépôt pour les torpilles..	275
6 sloops...	785
52 canonnieres.	2,080
7 yachts...	550
78 vapeurs de constructions diverses..	3,380
213 bâtiments.	**33,912**

En outre :

90 bateaux-torpilleurs de 1ʳᵉ classe..	1,600
72 — — de 2ᵉ classe .	»
147 bâtiments stationnaires....	»
des voiliers	650
78 vapeurs divers....	2,500

En construction :

5 cuirassés d'escadre.
8 croiseurs protégés de 1ʳᵉ classe.
2 — — de 2ᵉ classe.
7 croiseurs de 3ᵉ classe.
36 chasse-torpilleurs.

ASIE

EXPLORATIONS POLAIRES (1894-1896)

De nouvelles tentatives ont été faites pour atteindre le pôle nord et reconnaître les régions glaciales au nord de l'Asie et de l'Amérique. La plus intéressante et la plus hardie a été celle du Norvégien **Nansen**.

Nansen s'est lancé, en 1893, sur un navire spécialement construit et aménagé pour supporter la pression des glaces, à la recherche du courant polaire qu'il présumait devoir exister entre le détroit de Béring et le Groenland. Cette idée lui avait été inspirée par la découverte, en 1884, sur la côte orientale du Groenland, des débris de la *Jeannette,* broyée par les glaces, en 1881, au nord de la Léna.

Le navire de Nansen, le *Fram,* fut entraîné à la dérive, et, après s'être approché du pôle jusqu'à la latitude 85° 57', redescendit vers l'ouest, et se dégagea de la banquise en août 1896, ayant fait preuve d'une résistance extraordinaire.

Nansen, reconnaissant que le courant l'entraînait vers l'ouest, avait abandonné le *Fram* en mars 1895, et il essaya, accompagné du lieutenant Johansen, de monter au nord sur des traîneaux attelés de chiens sibériens. Le 7 avril, ils atteignirent 86° 13', à 420 km. du pôle, dépassant de près de 3° le point atteint par Lockwood (83° 23'). Ils durent reculer devant les difficultés insurmontables de la marche à travers un véritable chaos de glace. Leur retraite à travers la nuit polaire, par des températures variant entre —7° et —40°, témoigne d'une énergie admirable. Ils furent obligés d'hiverner par 81° 13' de lat., et ce n'est qu'en juin 1896, seize mois après avoir quitté le *Fram,* que les deux explorateurs se rencontraient, par hasard, sur la terre François-Joseph avec l'explorateur **Jackson**, qui les rapatriait sur son navire, le *Windward.*

Jackson venait de passer deux hivers sur la terre François-Joseph, dans l'intention de la reconnaître et d'y établir des postes de ravitaillement en vue des explorations polaires.

Pendant que Nansen essayait d'atteindre le pôle par la banquise, un autre Norvégien, **Andrée**, persuadé que les routes maritimes et terrestres étaient impraticables dans les régions polaires, songeait à se servir des routes de l'air, et à profiter des courants réguliers, qui soufflent dans la zone polaire, pour diriger un ballon au-dessus des champs de glace, passer au plus près du pôle, et y atterrir, s'il était possible. Il se transporta au Spitzberg en 1896 avec le ballon *le Pôle-Nord*, construit à Paris par M. Lachambre. Malheureusement les vents favorables qu'il attendait en août ne se présentèrent pas, et il remit à 1897 l'exécution de sa très curieuse tentative. Il vient en effet de partir sur le ballon *Ornen*, poussé par un vent favorable (juillet).

L'EXPANSION RUSSE EN ASIE

Chemins de fer russes en Asie.

Le Transsibérien. — Le chemin de fer transsibérien, de l'Oural à Vladivostok, fut décidé en 1891 par un ukase du tzar Alexandre III.

Les travaux commencèrent immédiatement, et la construction de la voie s'exécuta simultanément sur cinq sections.

La distance totale de Saint-Pétersbourg à Vladivostok est, d'après les tracés, en territoire russe, de 9,876 verstes (la verste = 1,067 m.), soit 10,500 km., dont 7,543 au réseau transsibérien, qui commence à *Tcheliabinsk*, sur le versant oriental des monts Oural.

A la fin de 1896, la situation des travaux est la suivante :

La section *Tcheliabinsk-Tomsk* (1,400 verstes) est terminée et en exploitation. Le pont sur l'Obi doit être livré au printemps de 1897.

Dans la section *Tomsk-Irkoutsk* (1,660 verstes), la voie est livrée jusqu'à *Krasnoiarsk* (660 verstes). De Krasnoiarsk à Irkoutsk, la voie est en partie posée et sera livrée à la fin de l'année 1897.

Dans la section dite du *Baikal*, d'*Irkoutsk* à *Stretensk*, on en est encore aux travaux préparatoires. Le tracé présente de grandes difficultés, à cause de la traversée des contreforts montagneux qui bordent le Baikal (alt. 475 m.). La voie passera à 1,150 m., altitude la plus élevée, et descendra de 675 m. sur 700 verstes, entre le Baikal et Tchita.

La section *Stretensk-Khabarovka* (2,000 verstes) a été ajournée, d'abord à cause de la navigabilité de l'Amour, et aussi en raison de la probabilité d'une entente avec la Chine pour traverser la Mandchourie. Une convention signée en 1896 autorise, en effet, le passage de la voie ferrée par la Mandchourie.

La voie a été également ouverte et livrée sur la côte du Pacifique, de *Vladivostok* à *Gravskaia* (377 verstes), et atteindra prochainement l'Amour à *Khabarovka*, où sera installée une grande gare maritime.

Dans le Transsibérien tout est russe, ingénieurs, ouvriers, matériel. L'effort accompli est absolument remarquable. Il y a lieu de croire que cette magnifique voie sera inaugurée avant 1900, date d'abord fixée pour l'achèvement des travaux.

Le trajet de Saint-Pétersbourg à Vladivostok sera d'environ 12 à 13 jours. Ce sera la route la plus directe et la plus courte pour se rendre en Extrême-Orient.

L'exploitation des régions traversées, riches en forêts et en mines, favorables en beaucoup de parties à la colonisation agricole, permet d'espérer un trafic rémunérateur. Les paysans russes émigrent déjà vers la Sibérie méridionale, et le peuplement est assuré par l'accroissement remarquable de la population, que l'on constate en Russie.

Le Transmandchourien. — La nouvelle ligne s'embranchera sur la section du Baïkal à *Onon* et se dirigera presque en ligne droite sur Vladivostok en traversant les monts Khingan. La longueur de la ligne sera de 1,900 verstes environ, dont 1,440 en territoire chinois. Elle réalise, sur le tracé par l'Amour, un raccourci de 500 verstes. De plus, elle traversera un territoire plus tempéré, plus fertile et plus peuplé.

La Russie prend pied ainsi en Chine, et déjà elle projette deux voies ferrées de pénétration d'une importance exceptionnelle, l'une par *Ourga* sur Pékin, l'autre de Vladivostok sur *Port-Arthur*.

Le Transcaspien. — Le chemin de fer transcaspien, qui s'arrête à Samarkand, va être prolongé dans deux directions :

1° sur *Tachkent;* la ligne est tracée, et on étudie son prolongement pour la raccorder plus tard avec le transsibérien à *Viernyi;*

2° sur *Khodjent* et *Marghelan,* terminus à *Andidjan,* sur un affluent du Syr-daria, ligne à l'étude.

En projet également, un raccordement de 2,000 k. entre *Tachkent* et *Orenbourg* (Oural).

On vient de commencer la construction de la voie ferrée de *Merv* à *Kouchk*, point extrême de la domination russe, à 150 k. de *Hérat*. Cette ligne, qui sera terminée dans deux ans, remonte la vallée du Mourghab. C'est une ligne nettement offensive.

On termine le port de *Krasnovodsk* sur la Caspienne. Il est appelé à devenir la tête du Transcaspien, à la place d'*Ouzoun-Ada*.

On voit, par cet exposé des chemins de fer russes en Asie, projetés ou en exécution, l'importance de l'action politique et commerciale que, d'ici peu d'années, la Russie exercera sur l'Asie centrale et surtout sur la Chine.

Frontières entre la Russie et l'Angleterre en Asie centrale.

La convention d'avril 1896, délimitant dans le Pamir les zones d'influence de la Russie et de l'Angleterre, est la résultante d'une série d'actes militaires et diplomatiques qui date de 1880.

Jusqu'en 1891, la politique anglaise, inquiète des progrès des Russes dans l'Asie centrale, s'était contentée d'affermir son influence dans le Kachmir et l'Afghanistan, et d'opposer à l'expansion russe la résistance de ces deux États, indépendants de nom, en réalité vassaux de l'Angleterre. Mais en 1891 et 1892, les démonstrations armées des reconnaissances russes dans le Pamir, sur les routes conduisant à l'Indus, émurent suffisamment les Anglais pour qu'ils prissent rapidement une décision. Sans perdre un instant, ils annexèrent d'un seul coup le *Béloutchistan,* et soumirent en quelques semaines les peuplades du *Ouaziristan,* du *Khoundjount* et du *Yassine,* cantonnées dans les hautes vallées, presque inaccessibles, des affluents de l'Indus. Puis ils obtinrent de la Russie une première délimitation, avec bornage sur le terrain, de la frontière entre la Boukharie et l'Afghanistan, et en même temps ils s'emparaient du *Kafiristan,* à la suite de la pénible et remarquable campagne du *Tchitral* (1895).

La Russie de son côté, en s'annexant le Khokand, prétendait revendiquer tous les droits de cet État sur le Pamir, et dès 1880 les officiers des postes frontières y poussaient leurs reconnaissances. Elles s'y heurtèrent aux Chinois et aux Afghans. Ces derniers, à l'instigation des Anglais, s'avancèrent audacieusement jusqu'aux frontières mêmes du Ferghâna, où ils essayèrent de provoquer des insurrections. Les Russes n'hésitèrent pas alors à agir. En 1889, le capitaine **Grombetchewsky** traversa la région du *Kara-koul,* repoussa les Afghans et pénétra dans la vallée des *Hunza-Nagar,* dans le bassin de l'Indus, puis essaya d'entrer dans le Kachmir; il fut arrêté par les Afghans et les Anglais, et obligé de rétrograder.

En 1890, le colonel **Yonof** atteignit la vallée de l'Indus par un col inconnu jusque-là (*col Yonof*), dans l'Hindou-kouch, et expulsa du Pamir une reconnaissance anglaise, qui revenait de Yarkand, et des groupes chinois, qui s'étaient installés dans le pays.

En 1892 et en 1893, le colonel Yonof, avec un fort détachement, balaya le Pamir, et y laissa des garnisons, entre autres au *fort Pa mir*. Un poste afghan, au service de l'Angleterre, fut sabré.

En 1894, Yonof achevait la conquête du Pamir et battait les Afghans près de *Roch-Kala*.

Anglais et Russes étaient de nouveau en face, quand les négociations diplomatiques aboutirent à un reglement de frontieres.

La frontière suit le Pendj, contourne le lac *Victoria* (Zar-koul) par le nord, gagne la passe de *Bemdersky*, suit les crêtes de la chaîne au sud de la latitude du lac jusqu'à la passe d'*Orta-Bel*, et au delà, pour atteindre *Kizil-Rabal*, sur la rivière *Ak sou*. Le bornage est exécuté actuellement par une commission mixte fortement escortée.

Les deux gouvernements s'engagent à n'exercer aucune influence ni contrôle au delà de cette limite commune. L'Angleterre s'engage en outre a ne pas annexer la région comprise entre cette frontière et ses dernières conquêtes; aucune forteresse n'y doit être élevée, mais de fait elle sera une dépendance de l'Afghanistan.

En somme, les Indes anglaises et l'Asie centrale russe sont séparées par une sorte d'État tampon, l'Afghanistan; la région frontiere comprend les hautes vallées du Pendj et de l'Ak-sou, et le versant septentrional de l'Hindou-kouch. Les défilés donnant accès du Pamir dans le bassin de l'Indus, ainsi que les routes de la Kachgarie, restent en possession de l'Angleterre. On peut dire que la Russie a fait preuve d'un grand esprit de conciliation. Le tzar a jugé sans doute que le moment n'était pas opportun pour pousser plus loin la marche en avant vers l'océan Indien. Les délimitations diplomatiques dans ces régions confuses et disputées entre les tribus indigenes sont sujettes à caution et à incident, et on ne peut assurer que l'avenir soit réglé par la convention de 1896.

L'Angleterre y a du moins gagné une sécurité relative sur ses frontières occidentales et septentrionales de l'Inde, et peut tourner son action vers les frontières orientales, du côté de la Chine et de l'Indo-Chine.

L'EXPANSION FRANÇAISE EN ASIE

Conflit avec le Siam.

Dès 1885, les Siamois, profitant des difficultés que la France éprouvait à s'établir au Tonkin et en Annam, et prétextant d'anciens droits de suzeraineté sur le bassin du Mé-kong, poussèrent des postes sur la rive gauche du fleuve, vers l'Annam, et essayèrent d'annexer les *États châns*. Ceux-ci appelèrent à leur secours les *Hôs*, bandes chinoises, qui ravagèrent le pays et brûlèrent *Luang-prabang*. Deux colonnes françaises rétablirent l'ordre et forcèrent les Siamois à reculer (1885-1886).

La pacification du Tonkin immobilisant les troupes françaises, les Siamois continuèrent leurs empiétements, et, en 1892, ils occupaient toute la région entre la rive gauche du Mé-kong et la chaîne de l'Annam. Ils avaient un poste à *Attopeu* et avaient franchi le col d'*Ai-Lao*, installant leurs avant-postes à 40 k. de Hué. Les agents français du Laos, sans troupes, étaient impuissants à réprimer cette occupation progressive du pays; l'un d'eux, M. **Massie**, consul à Luang-prabang, se tua de désespoir (1893). Cet acte détermina une intervention énergique. Trois petites colonnes délogèrent brusquement les Siamois, et les refoulèrent sur la rive droite du Mé-kong. Deux incidents, qui suivirent l'enlèvement d'un capitaine français, commandant le détachement de l'île de Khône, et l'assassinat d'un inspecteur de la milice, M. *Grosgurin,* par un mandarin siamois qu'il escortait, déterminèrent le gouvernement à imposer un ultimatum au Siam. La division navale d'Extrême-Orient reçut l'ordre de bloquer les côtes du Siam. Auparavant deux canonnières françaises avaient forcé les passes du Mé-nam, sous le feu des forts siamois, et s'étaient embossées devant les quais de Bangkok. Le Siam dut céder et signer, le 1er octobre 1893, un traité par lequel il renonçait à toute prétention sur les territoires de la rive gauche du Mé-kong et le fleuve lui-même, et à toute occupation par fort ou poste des provinces cambodgiennes de *Battambang* et de *Siem-Reap* et d'une zone de 25 km. en bordure du Mé-kong. En outre, la France devait occuper le port de *Chantaboun*, jusqu'au règlement complet des articles du traité. Cette occupation semble devoir être définitive.

Il est intervenu, en effet, depuis lors, un traité avec l'Angleterre (15 janv. 1896) qui a réglé les limites et zones d'influence entre l'Angleterre et la France en Indo-Chine.

Frontières entre l'Indo-Chine anglaise et l'Indo-Chine française. — Le traité imposé au Siam, en 1893, souleva de la part de l'Angleterre des objections. Profitant, elle aussi, des embarras de la France au Tonkin, elle avait, en 1892, englobé dans l'hinterland de la Birmanie vers la Chine quelques territoires châns du Mé kong, et en avait fait habilement don au Siam, à condition qu'il ne les céderait à personne; elle interposait ainsi le Siam entre le Tonkin et la Birmanie. Or, en abandonnant le Mé-kong à la France, le Siam cédait ces territoires. L'Angleterre protesta, et demanda au gouvernement français la création d'une zone neutre, ou *État tampon*, constituée avec les États châns *sur les deux rives du fleuve;* c'était fermer la route du Mé-kong vers la Chine à la pénétration française. Il était impossible de s'entendre dans ces conditions, et l'Angleterre prit brusquement le parti d'occuper effectivement par des troupes la rive gauche du Mé kong; un poste fut installé à *Muong-sin*.

La situation pouvait s'aggraver, lorsqu'une détente survint à la suite de la guerre sino-japonaise et de l'accord qui se fit entre la France et la Chine, au sujet de la frontière du Yun nan et du Tonkin (1895).

En échange de quelques cantons tonkinois, la France laissait à la Chine les cantons chinois de *Xieng hong,* dans les vallées du *Nam-la* et du *Nam-ban,* qui donnent accès dans la région de *Semao* et de *Pou-eul,* villes importantes du Yun-nan; c'était précisément le territoire que l'Angleterre ne voulait pas voir entre nos mains, car il ouvrait pour elle la route du Yun-nan.

On put alors s'entendre, et le traité du 15 janvier 1896 a réglé la question.

L'Angleterre a restitué *Muong-sin,* et reconnaît le haut Mé-kong comme frontière entre les possessions française et anglaise. Le bassin du Mé-nam est neutralisé, et les deux puissances s'y interdisent toute intervention non commune. La zone à l'est du bassin du Mé-nam est abandonnée à l'influence de la France, celle à l'ouest à l'influence de l'Angleterre.

Le Siam reste indépendant, mais il est réduit en somme au Mé-nam, et de fait sous l'influence anglaise.

Si la France a réussi à écarter la combinaison anglaise de l'État tampon et à conserver le Mé-kong sous son influence, l'Angleterre n'a pas perdu au change; elle entoure désormais le golfe du Bengale, a toutes facilités pour englober le Siam dans la sphère des débouchés de la Birmanie, et tient une route indépendante vers le Yun-nan.

Pénétration dans la Chine méridionale.

L'Angleterre et la France sont en contact par leurs frontières indo-chinoises avec la Chine méridionale.

La Birmanie touche au **Yun-nan**, le Tonkin au Yun-nan et au **Kouang-si**. Ces deux provinces sont riches et peuplées; leur commerce suit actuellement la longue route fluviale du Si-kiang ou rivière de Canton, aboutissant à Canton et au port anglais de *Hong-kong*.

Les Anglais ont songé à détourner le courant commercial du Yunnan par l'Irawady, navigable sur 1,200 km., sur le port birman de *Rangoon*. Ils ont construit un chemin de fer, de Rangoon à *Bhamo* et *Myilyne*, près de la frontière chinoise. La prolongation projetée de cette voie ferrée sur *Tali-fou*, nœud des communications du Yun-nan avec le Tibet, et sur *Yun-nan-fou*, capitale du Yun-nan, nécessiterait des travaux très longs et très coûteux, car elle devrait couper les arêtes montagneuses qui séparent les hautes vallées de la Salouen et du Mé-kong. Les Anglais ont eu alors l'intention de diriger leur voie ferrée, plus au sud, de *Maulmein*, port de la Salouen, sur *Xieng-mai* (Mé-ping) et *Xieng-hong* (Mé-kong). Pour le moment, à la suite des dernières conventions, un seul projet reste réalisable, la jonction de Bangkok à Maulmein par *Raheng*, sur le Mé-ping.

Mais l'Angleterre, réservant cette pénétration éventuelle au Yunnan par l'ouest, s'est hâtée de conclure avec la Chine un traité qui ouvre au commerce européen toute la vallée du Si-kiang et autorise la construction de voies ferrées de Hong-kong et Canton vers l'intérieur. Elle compte ainsi attirer au grand port de Hong-kong tous les produits de ces régions, et annihiler les efforts que tente aujourd'hui la France, avec un certain esprit de suite, pour établir des relations permanentes entre le Yun-nan et le Tonkin par le fleuve Rouge, et avec le Kouang-si par une voie ferrée, partant de Hanoi, dont le terminus est actuellement à *Lang-son*. Le dernier traité avec la Chine a ouvert à la France l'accès des marchés importants de *Lang-tchéou*, dans le Kouang-si, de *Mongtsé*, *Semao* et *Pou-eul*, dans le Yun-nan.

Le Song-coi, ou Fleuve rouge, est la voie d'échange la plus courte et la plus directe avec le Yun-nan. Elle est navigable avec quelques

difficultés jusqu'à *Mang-hao* en Chine, et elle pourrait être améliorée.
Un projet de voie ferrée reliant Lao-kai, sur la frontière, a Hanoi,
est à l'étude.

Une mission lyonnaise, partie en 1895, a pénétré au Yun-nan et
y a été favorablement accueillie. Les rapports des membres qui la
composent donnent d'excellents renseignements sur les produits
et les débouchés du pays.

Il ne faudrait sans doute qu'un peu de volonté pour assurer définitivement au Tonkin les résultats que prévoyait et affirmait le
premier apôtre de la pénétration au Yun nan, M. Dupuis.

Le commerce du Kouang-si est plus difficile à détourner dans son
ensemble. Mais la prolongation du chemin de fer de Hanoi-Lang-
son sur Lang-tchéou, *Nan-ning* et *Ou-tchéou* (Si-kiang), qui vient
d'être concédée à une compagnie française, pourra attirer au moins
les produits de la partie méridionale (région du Nan-kiang). Le
gouvernement du Tonkin a intérêt à pousser d'urgence les travaux
de cette ligne.

En résumé, à la suite des derniers traités, la France se trouve au
Tonkin dans d'excellentes conditions de pénétration et de commerce
avec la Chine méridionale, et il ne tient qu'à elle de ne pas se lais-
ser devancer de nouveau par l'Angleterre.

GUERRE ENTRE LA CHINE ET LE JAPON
(1894-1895)

Origines de la guerre. — Le conflit entre la Chine et le Japon a
eu pour prétexte une querelle d'influence en Corée. Mais l'hostilité
entre les deux États était ancienne, et depuis que le Japon, sortant
d'une torpeur séculaire, s'était européanisé et tendait à prendre en
Extrême-Orient une situation prépondérante, la lutte devait fatalement éclater entre lui et la vieille Chine, gardienne intraitable des
traditions de la race jaune.

Isolé du continent asiatique, le Japon cherchait à y prendre pied,
et la Corée, dont la saillie s'avance à quelques lieues de la pointe
du Hondo, avec ses ports de *Chemoulpo, Fousan,* et *Gensan,* lui pa-
raissait revenir naturellement à son expansion et à son influence.

La Corée est un pays très montagneux, couvert de belles forêts riches en bois de construction. Le versant oriental est fertile, bien arrosé, et la côte est très accessible.

Accolée à la Chine, mais voisine du Japon, la Corée dut payer tribut tantôt à l'une, tantôt à l'autre. En 1876 et en 1885, les deux États semblèrent s'accorder pour reconnaître l'indépendance absolue de la Corée ; mais les influences rivales continuèrent une lutte sourde, sous les apparences d'un *condominium* à titre égal. Des troubles fréquents survenaient en Corée, la turbulence naturelle des Coréens était excitée par les agents chinois et japonais.

En 1894, un Japonais fut assassiné à Chang-haï par un Chinois. Les réparations demandées ne furent pas accordées. La Chine se préparait à prendre possession de la Corée, quand elle fut devancée par les Japonais.

Début des hostilités. — Le 25 juillet, un navire de guerre japonais torpillait le *Kowshung*, qui transportait un millier de soldats chinois. En même temps un corps japonais, débarqué à Chemoulpo, occupait *Séoul* et battait à *Seikwan* les troupes chinoises du général Yeh, déjà en retraite sur Ping-yang, à l'embouchure du Yalou, où se concentrait l'armée chinoise.

Protégés par leur flotte, les Japonais débarquèrent de nouvelles troupes dans les deux ports de *Fousan* et de *Gensan*. De son côté la flotte japonaise cherchait la flotte chinoise et allait la provoquer jusqu'à Wei-hai-wei.

Bataille de Ping-yang (14, 15, 16 septembre). — Au mois d'août les deux armées avaient reçu de nombreux renforts.

Le maréchal Yamagata prenait le commandement du corps expéditionnaire japonais. De leur côté, les Chinois se tenaient près de la frontière de Corée avec un effectif de 25,000 hommes environ.

Les deux armées se trouvèrent en présence à *Ping-yang* (14 et 15 septembre). Les Chinois, bien que protégés par un fleuve, se laissèrent tourner et durent évacuer leurs positions.

Après cette victoire, le maréchal Yamagata poursuivit sa marche dans la direction du nord, mais lentement, obligé de traîner un convoi considérable, par suite du mauvais état des chemins et du manque de ressources du pays. L'armée n'atteignit le fleuve Yalou, limite de la Corée, que le 1er octobre, après avoir parcouru 115 kilomètres en treize jours.

Après quelques engagements, l'avant-garde japonaise franchit la rivière le 24 octobre, et le 26 l'armée entière se trouvait en face des lignes de *Kin-lien-cheng*. Les Chinois les abandonnaient sans résistance et s'enfuyaient dans toutes les directions.

Combat naval de Ya-lou. — Pendant ce temps, l'escadre japonaise réussissait à surprendre la flotte chinoise qui, jusque-là, s'était obstinée à ne pas se montrer. Le 17 septembre, après avoir escorté les 31 bâtiments qui avaient servi à transporter la 3ᵉ division japonaise, l'escadre se dirigeait vers l'île de *Takou-shan*, quand, vers 11 heures du matin, la fumée des bâtiments de la flotte chinoise fut signalée par les vigies.

C'était en effet la flotte, commandée par l'amiral Ting, qui escortait un convoi de 7 à 8,000 hommes destinés à renforcer l'armée de Mandchourie. Elle était composée de 10 vaisseaux de guerre, dont 2 puissants cuirassés, le *Chen-yuen* et le *Ting-yuen*.

Les Japonais avaient 12 bâtiments, plus faibles peut-être, mais beaucoup plus légers et bien supérieurs en vitesse à ceux de la flotte chinoise.

L'amiral Ting ne pouvait éviter le combat; il se porta immédiatement au-devant de la flotte japonaise.

A midi, les Chinois ouvraient le feu à une distance de 5,000 à 6,000 mètres, sans effet. L'escadre japonaise ne commença le feu qu'à 3 kilomètres des navires chinois. Le combat dura jusqu'à la nuit. La flotte chinoise, battue, se retira dans la direction de Port-Arthur, après avoir perdu 5 vaisseaux, dont trois coulés, un incendié, un échoué.

Les Japonais ne perdirent aucun vaisseau; le combat de Ya-lou leur coûta seulement 10 officiers tués et 229 hommes hors de combat.

Première armée japonaise. Opérations en Mandchourie. — Après la prise de Kin-lien-cheng, le maréchal Yamagata occupa sans coup férir les villes de *Antong* et *Tatong-Kow*, sur le cours inférieur du Ya-lou.

Le plan de campagne consistait à chasser de la Mandchourie toutes les forces chinoises qui s'y trouvaient rassemblées, et de donner la main à la deuxième armée japonaise, qui allait commencer ses opérations dans la presqu'île de *Liao-Toung*. Deux directions étaient indiquées : celle de *Moukden* au nord, celle de *Niu-tchouang* à l'ouest. Le maréchal Yamagata lança deux colonnes dans ces directions. La première, sous les ordres du général Tatsumi, devait contenir les troupes tartares du général Yi et l'armée du Liao-Yang.

Après une manifestation sur la route de Moukden et quelques engagements dans les montagnes, le général Tatsumi revint sur ses pas et se porta contre les forces du général Yi, qui l'arrêtèrent assez longtemps.

La deuxième colonne, sous les ordre du général Nodzu, qui remplaça bientôt dans le commandement de l'armée le maréchal Yamagata, appelé au ministère de la guerre, soutint une campagne très pénible, par un froid très rigoureux. Après une série d'engagements dans lesquels les Chinois firent preuve d'une opiniâtreté inattendue, par un climat rigoureux, elle s'empara de la ville de Niu-tchouang (4 mars), après un combat de rues acharné (du côté des Japonais, 300 morts; du côté chinois, 2,000 tués ou blessés et 600 prisonniers, dont plusieurs généraux).

Enfin, grâce au renfort d'une division de la deuxième armée, la première armée s'emparait du port de Yung-tsu.

Opérations de la deuxième armée. — Pendant que la premiere armée opérait en Mandchourie, la deuxième armée, composée d'une division et demie et d'un parc de siège (36 pièces), sous les ordres du maréchal Oyama, s'embarquait le 18 octobre à Hiroshima sur 38 transports, avec mission de s'emparer de *Port-Arthur.*

Les troupes, débarquées à *Kouankeo,* sous la protection de l'escadre japonaise, se portèrent immédiatement en avant et s'emparèrent, le 6 novembre, de la position de *Chiu-Chow,* point stratégique important, situé à l'étranglement de l'isthme qui soude au continent la presqu'île de Ta-lien-wan et celle de Port-Arthur.

Le 16 novembre, les Chinois abandonnaient, sans défense sérieuse, la position fortifiée de *Ta-lien-wan.*

Maîtres de la clef du grand arsenal de la Chine, les Japonais mirent en œuvre immédiatement leur parc de siège, et le 20 novembre ils enlevaient les premiers ouvrages de Port-Arthur. Le 21, la ligne des forts, battue par toute l'artillerie et les feux de l'escadre, était prise d'assaut par l'infanterie.

Les Japonais tenaient ainsi la presqu'île de Liao-Toung et l'entrée du golfe du Pe-tchi-li. La flotte chinoise, depuis la défaite du Ya-lou, restait confinée sous le canon de Wei-hai-wei, dont les défenseurs étaient déjà démoralisés.

Prise de Weï-hai-weï. — Une troisième armée, commandée par le maréchal Oyama, avec un effectif de 18,000 h., fut formée à Ta-lien-wan. Elle débarquait du 21 au 23 janvier à Lou-chou-tao, et se dirigeait en deux colonnes sur Wei-hai-wei, distant d'environ 50 km.; après plusieurs journées de combat, elle s'emparait de cette grande place forte le 1er février.

L'amiral Ito, de son côté, réduisait la flotte chinoise à capituler.

L'amiral Ting, ne pouvant survivre à sa défaite, se donnait la mort, ainsi que plusieurs des capitaines de vaisseau.

La mer appartenait désormais à la flotte japonaise, qui s'emparait des îles Pescadores, bombardait Hang-tchéou et débarquait à Formose un corps expéditionnaire, chargé de conquérir l'île.

La Chine n'avait plus ni flotte ni armée. Le vieux Li hung-chang conseillait lui-même de traiter avec les Japonais, qui se préparaient à marcher sur Pékin. L'intervention des États européens et des États-Unis se faisait d'ailleurs sentir.

Traité de Simonosaki (17 avril 1895). — Par le *traité de Simonosaki*, la Chine cédait au Japon la presqu'île de Liao-Toung avec Port-Arthur, l'île de Formose, les Pescadores, et payait une forte indemnité de guerre (825 millions de francs), garantis jusqu'a payement intégral par l'occupation de Wei-hai-wei.

L'indépendance de la Corée était reconnue.

L'intervention de l'Angleterre, de la France et de la Russie modifia les conditions du traité, qui donnait au Japon une situation trop prépondérante et violait l'intégrité du territoire chinois sur le continent; le Japon consentit à rendre à la Chine la presqu'île de Liao-Toung, moyennant une augmentation de la contribution de guerre.

Mais la clause la plus importante peut-être du traité de Simonosaki est celle par laquelle le Japon, très habilement, fait ouvrir au commerce étranger, et par conséquent à lui-même, de nombreux ports des fleuves chinois, et autoriser l'importation des machines et de certaines marchandises, et la création d'usines et de fabriques.

C'est une révolution qui se prépare en Chine. Le vieux monde chinois, réfractaire jusqu'ici aux innovations scientifiques et industrielles et à la modification de ses mœurs et de ses institutions plusieurs fois séculaires, va être attaqué non seulement par les Européens, mais surtout par les Japonais, de même race, plus à même par conséquent de remuer et de transformer un état social qui était encore le leur il y a à peine trente ans.

Le Japon a une industrie déjà très florissante, que ses ingénieurs et ses fabricants, aidés par une main-d'œuvre à très bas salaire, développent de jour en jour. Leurs produits feront concurrence à ceux de l'Europe, d'abord sur les marchés chinois et asiatiques, plus tard peut-être sur les marchés européens. Et ils comptent sans nul doute attirer bientôt la Chine dans leur sphère commerciale et industrielle.

Le Japon, en prenant possession de Formose et des îles Pescadores, que l'amiral Courbet signalait comme les plus importantes positions stratégiques des mers de Chine, devient, pour ainsi dire, l'Angleterre de l'Extrême-Orient, et son ambition, excitée par ses récentes victoires, aspire a y supplanter les puissances européennes, en attendant qu'il les en expulse.

L'armée et la marine japonaises.

Armée. — L'empereur (mikado) est le chef de l'armée; il est assisté d'un ministre de la guerre, d'un major général, et d'un service d'inspection.

Le service militaire est obligatoire, avec des exemptions nombreuses, de 17 à 40 ans.

Service actif, 3 ans.

Réserve, 4 ans.

Armée territoriale, 5 ans.

Armée nationale, de 17 à 40 ans.

Le Japon peut mettre sur pied plus de 250,000 hommes instruits, encadrés par 4,700 officiers et 14,600 sous-officiers.

L'effectif de paix est d'environ 60,000; on projette de le porter à 100,000, en augmentant le nombre des divisions de 6 à 13.

Les 6 divisions actuelles sont à Tokio, Sendaï, Nagoya, Osaka, Hiroshima, Kumamoto. La division de la garde est à Tokio.

Marine. — En juin 1896, la marine japonaise comptait 46 bâtiments, dont 11 croiseurs rapides, 29 torpilleurs.

En construction, 2 cuirassés, 1 croiseur, 1 aviso.

En projet : 4 cuirassés, 10 gardes-côtes, 30 croiseurs-torpilleurs, 50 torpilleurs. Fonds votés : 200,000,000 *yen*. Ce serait le doublement de la flotte actuelle. Le personnel est excellent et tout entier japonais.

La marine marchande est importante. On y compte 1,500 navires de construction européenne, dont 745 vapeurs, et 17,000 navires de construction japonaise.

Le Japon possède plusieurs compagnies de navigation.

Les chemins de fer en Chine et au Japon.

Il n'existe encore en Chine que trois tronçons de chemins de fer, deux partant de *Ta-kou*, aboutissant, l'un à *Tien-tsin*, l'autre à *Chan-haï-kouan*, le troisième reliant *Wou-tchang*, sur le Yang-tsé-kiang, à des mines de charbon des environs de cette ville.

Depuis le traité de Simonosaki, le gouvernement chinois semble comprendre l'intérêt d'un réseau ferré desservant les riches provinces de l'empire et les ports de la côte. Il se décide prudemment à cette violation du sol chinois, faisant un appel réservé aux constructeurs européens, en attendant que les ingénieurs chinois, formés à leur école, puissent eux-mêmes diriger les travaux. Les projets en instance sont les suivants :

Ligne de Mandchourie, prolongement du transsibérien, sur laquelle seraient embranchées plusieurs lignes, entre autres celle allant à Moukden.

Ligne de Lang-son à Lang-tchéou, qui vient d'être concédée à une compagnie française, avec prolongation probable sur Outchéou.

Ligne du Kiang-si; les travaux sont commencés sur la ligne de Chang-haï à Noosung.

Une compagnie anglaise a traité pour le chemin de fer de Tientsin à Pékin.

Grand central Pékin—Han-Kéou. Une souscription est ouverte pour la construction, qui serait confiée à un syndicat franco-russe.

Le Japon possède actuellement 3,600 km. de voies ferrées, et 1,100 sont en construction. Le personnel est japonais; le matériel est fourni par l'Angleterre, mais l'industrie japonaise tend à éliminer toute importation étrangère. Déjà Kobé possède des ateliers où l'on construit des locomotives.

DERNIÈRES EXPLORATIONS DE L'ASIE (1894-1897)

Dutreuil de Rheins (1891-1894), Français, visite le Turkestan, le Pamir et une partie du Tibet, passe à Tcherchen sur le Tarim, découvre les sources du Mé-kong, gagne le Yang-tsé, et meurt assassiné près de Sin-Ning (juin 1804).

Ed. Blanc (1895-1896), Français, explore le Turkestan et reconnait les sources de l'Amou-daria.

Henri d'Orléans (1894-1896), parti du Tonkin, visite le Yunnan, atteint Tali par Mong-tsé, remonte le Mé-kong, traverse, de l'est à l'ouest, toute la partie de la Haute-Birmanie jusqu'au Brahmapoutra, après avoir reconnu les sources de l'Irawaddy.

Bonin (1895-1896), Français, va du Tonkin au Yun-nan, traverse la région du Tibet qui confine au Se-tchouen, le désert de Gobi jusqu'à Ourga, et revient par Pékin.

Chaffanjon (1895-1896), Français, explore le Turkestan chinois.

Roborowski et Kozlov (1893-1896), officiers russes, explorent la Mongolie.

Gloukhouskoï (1896) est parti le 2 septembre pour explorer le cours de l'Amou-daria.

Swen-Hedin (1895-1896), Suédois, explore le Pamir, le Tagharma, qu'il cherche en vain à escalader, le Moustagatta, et traverse le désert, de Yarkand à Tcherchen.

Simon (1895-1896), Français, remonte le Mé-kong avec 2 canonnières jusqu'à Tang-ho, à 2,500 k. de son embouchure, en reconnaît la navigabilité dans une grande partie de son cours.

Le Mé Long peut se diviser en trois grands biefs principaux depuis son embouchure jusqu'à *Luany-Prabang*, soit sur une longueur de plus de 2,000 kil. :

1° de la mer aux cataractes de Khône;

2° de Khône à Kemmarat;

3° de Kemmarat à Luang-Prabang.

De ce dernier point à Tang-ho, 350 kil. env., limite extrême, une série de rapides (68), enfermant des biefs locaux, rend la navigation difficile et même dangereuse.

AFRIQUE

L'EXPANSION FRANÇAISE EN AFRIQUE

I. — Routes de l'Algérie au Soudan par le Sahara.

Plusieurs tentatives particulières ont été faites pour traverser le Sahara et relier le Niger et le lac Tchad à l'Algérie. Ces efforts ont encore échoué par suite de l'hostilité constante des Touareg, et aussi par l'imprudence, le défaut de précautions ou la faiblesse d'organisation et de résistance des explorations et reconnaissances.

L'entreprise du marquis de **Morès**, qui partait de la Tunisie avec l'illusion d'établir un courant d'échanges commerciaux entre les oasis de la Tripolitaine et les ports de Tunisie, s'est terminée prématurément par la mort de son chef, assassiné dès son entrée sur les territoires de parcours des Touareg.

MM. **Foureau**, d'**Attanoux**, **Méry**, ont essayé de renouer les relations établies par MM. de **Polignac** et **Duveyrier** avec certaines fractions des Touareg. Ils ont pu s'assurer que quelques chefs avaient conservé le souvenir respectueux de la parole échangée, mais qu'il fallait néanmoins renoncer à s'ouvrir le désert autrement que par la force.

La conquête du Sahara, si tant est qu'elle importe à la prospérité commerciale de nos colonies de l'Afrique septentrionale et occidentale, n'est possible qu'à deux conditions : fonder des postes fortifiés, occupés par des troupes spéciales, aux puits et oasis qui sont les nœuds vitaux du Sahara, et construire la voie ferrée.

Le Sahara, que l'on a comparé à un océan, dont les Touareg sont les pirates, et les oasis les ports de relâche et d'abri, ne pourra évidemment être traversé en sécurité qu'après en avoir expulsé les Touareg ou les avoir amenés, comme l'espèrent quelques voyageurs, à être eux-mêmes les convoyeurs du désert, au lieu d'en être les exploiteurs.

Le résultat ne semble pas près d'être atteint. Le gouvernement ne s'engage qu'avec une prudence excessive dans la pénétration armée du Sahara, et l'entreprise privée recule devant les difficultés de l'établissement d'une voie ferrée et le peu de proportion entre le chiffre considérable des dépenses nécessaires et les bénéfices d'une exploitation très aléatoire.

Jusqu'à maintenant, les efforts officiels se sont bornés à la prolongation de la ligne ferrée de *Saïda-Aïn-Sefra* sur *Djenien-Bou-Rezg*, poste le plus avancé du Sud-Oranais, et à la construction de quelques forts au sud d'El-Goléa.

Il a été plusieurs fois question d'occuper définitivement les oasis du *Touat* et de mettre garnison à *Aïn-Salah ;* au mois de septembre 1896 une colonne a même été formée dans ce but ; la marche en avant a été ajournée. Une reconnaissance préliminaire, conduite par le commandant **Godron**, du cercle de Géryville, s'est assurée pourtant, en 1895, que les populations sédentaires de l'oasis accueilleraient favorablement l'occupation française, qui les délivrerait de la terreur des Touareg.

Le commandant Godron a prouvé d'ailleurs récemment qu'on peut venir à bout des bandes de pillards avec les goums indigènes eux-mêmes. Il a exécuté en 1896 deux raids très remarquables dans les régions entre l'Oued-Namous et l'Oued-Zousfana, razziant des tribus pillardes, coupables de l'assassinat du lieutenant **Collot**, tué en 1896, pendant un levé topographique.

Le chemin de fer de Djenien-Bou-Rezg n'est pas encore terminé ; le tronçon à construire a 72 km., mais il faut traverser la chaîne des Ksour. Djenien-Bou-Rezg est à 25 km. de Figuig.

Les routes qui conduisent de Laghouât et de Biskra sur le Touat et le plateau d'Aïr sont commandées aujourd'hui par des bordjs, où ont été créées des troupes montées sur méhari (spahis méharistes). Ce sont :

Les forts de *Hassi-Inifel, Hassi-Chebaba* (**Miribel**), *Hassi-el-Homeur* (**Mac-Mahon**), établis en 1893, et *Hassi-bel-Hiram* (**Lallemand**) en 1895.

II. — Afrique occidentale et centrale française.

Le décret du 16 juin 1895 avait constitué les possessions françaises de l'Afrique occidentale et centrale en trois groupes distincts :

1° le **gouvernement général de l'Afrique occidentale française**, comprenant le *Sénégal,* le *Soudan français,* la *Guinée française,* la *côte d'Ivoire ;*

2° le **Dahomey et dépendances**;

3° le **Congo français**.

Par décret du 27 septembre 1896, la colonie de la côte d'Ivoire a été détachée du gouvernement général de l'Afrique occidentale.

Le gouverneur général, résidant à *Saint-Louis*, représente le gouvernement de la République dans les colonies et exerce l'autorité directe sur le Sénégal. Les autres colonies ont une autonomie administrative. Des gouverneurs particuliers résident à *Konakry* (Guinée française), et un lieutenant gouverneur à *Kayes* (Soudan français)[1].

Toute la direction politique et militaire de ces colonies est dans les mains du gouverneur général, qui est assisté d'un officier général ou supérieur, commandant en chef les troupes des quatre colonies.

Le gouverneur du Dahomey réside à *Kotonou* et doit adresser au gouverneur général de l'Afrique occidentale française un duplicata de tous les rapports politiques et militaires. Il en est de même du gouverneur de la côte de l'Ivoire, qui réside à *Grand-Bassam*.

Le gouverneur du Congo français réside à *Libreville*.

Depuis 1893, une série de conventions d'arrangement et de délimitation[2] ont modifié sensiblement les frontières et les hinter lands des possessions françaises de l'Afrique occidentale et cen trale. Mais, chaque année, les missions envoyées par chaque puissance intéressée se multiplient, des traités plus ou moins réguliers, signés par les explorateurs avec des chefs indigènes, en même temps que des établissements de postes, souvent provisoires et temporaires, donnent lieu à des discussions diplomatiques, quelquefois même à des conflits. On peut dire que, si la côte africaine est aujourd'hui nettement divisée entre les différentes puissances européennes, les délimitations et zones d'influence de l'intérieur sont toujours sujettes à modification, et à la merci d'incidents, dont le règlement est souvent difficile et traîne toujours en longueur.

---

1. Le chef lieu du Soudan français a été établi à Kayes, sur le Sénégal, parce que c'est la tête de la navigation du Sénégal et le point d'attache de la voie ferrée de Kayes-Batoulabé et des routes vers le Niger.

2. 1° Convention franco-allemande (févr. 1894), frontière entre le Congo français et le Cameroun (voir p. 54).

2° Conventions franco-libériennes (8 décembre 1892 et 10 juillet 1894), délimitant les possessions de la côte d'Ivoire et de la république de Libéria.

3° Traité congo-portugais (24 mars 1894), fixant les limites entre Angola et le Congo.

4° Traité anglo-belge (12 mai 1894), modifié par le traité franco-belge.

5° Traité franco-belge (14 août 1895), fixant au nord les limites de l'Etat indépendant et du Congo français. (Voir p. 56.)

Actuellement il semble que la possession du haut et du moyen bas sin du Niger est reconnue à la France. Du côté de la Guinée portugaise, de Sierra-Leone, de Libéria, les délimitations sont définies (V. la carte), et l'hinterland de ces colonies s'arrête à la zone délimitée.

Les zones litigieuses, où l'hinterland est encore discuté et les droits de chacun réservés pour le moment, sont : les *Achantis*, le *Togoland*, le *Dahomey*, le *protectorat de Bénin* et le *bas Niger* (Compagnie anglaise du Niger).

Soudan français. — L'influence française dans le bassin du Niger a fait un progrès considérable par l'occupation de *Timbouktou*.

Le 10 janvier 1894, le lieutenant-colonel **Bonnier**, se portant au secours d'une canonnière française, qui avait descendu le Niger jusqu'à Kabara, entrait à Timbouktou et y plantait le drapeau français. Il fut massacré malheureusement par les Touareg, avec une partie de sa colonne, dans une reconnaissance qu'il opérait au sud-ouest de Timbouktou. Les Touareg, maîtres incontestés du marché de Timbouktou, menaçaient la petite garnison française laissée dans la ville. L'arrivée rapide de la colonne Joffre, qui opérait dans le haut Niger, assura la prise de possession de Timbouktou. Ce fait a eu un grand retentissement dans les régions sahariennes.

Le 26 janvier 1897, le lieutenant **Wirth**, chef du poste de *Ras-el-Mâ*, à l'ouest de Timbouktou, s'est emparé de vive force de *Bassikounou,* sur les confins du Sahara méridional, à mi-chemin de Nioro à Timbouktou. Ras-el-Mâ, Bassikounou, et *Dokolo*, deviennent les postes avancés au nord du Soudan.

Le pays entre le haut Niger et le Sénégal a été à peu près débarrassé des bandes de **Samory**, qui a reculé au sud du Niger dans la région moyenne, et occupe le pays de Kong, nominalement placé sous le protectorat français. C'est lui qui a arrêté, en 1895, l'expédition Monteil. Il barre pour le moment l'hinterland de la côte de l'Ivoire et s'entendrait, semble-t-il, avec les Anglais de la côte de l'Or.

Le **Fouta-Djallon** a été soumis au protectorat français en 1896. Un résident français, avec quelques soldats, est installé à *Timbo*.

De nombreux officiers ont parcouru et parcourent actuellement les vastes territoires de la boucle du Niger, recoupant les anciens itinéraires et leurs itinéraires respectifs, reconnaissant la valeur du pays, fondant des postes, luttant de vitesse et d'activité avec les explorateurs allemands et anglais, particulièrement dans les régions avoisinant le bas Niger. (Voir le chapitre des **Missions et explorations**.)

Dahomey. — A la suite de l'occupation d'Abomey (1892), le roi Béhanzin s'était retiré vers le nord. Poursuivi sans relâche, abandonné par ses partisans, il se rendit le 21 janvier 1894, et fut interné à la Martinique.

Le décret du 22 juin 1894 a organisé l'administration du Dahomey et des établissements du Bénin, sous la dénomination de *Dahomey et dépendances*.

Les frontières en ont été réglées avec l'Allemagne et l'Angleterre jusqu'au 9e parallèle. L'hinterland est actuellement en litige.

Le Dahomey a été divisé en deux zones :

1º *Territoires protégés,* petits royaumes de *Abomey, Allada* et *Porto-Novo,* résidences de *Oualcher,* de *Toue,* et d'*Ouéré-Ketou;*

2º *Territoires d'hinterland,* au nord du 9e parallèle, petits États indigènes, avec lesquels négocient les agents et explorateurs français, allemands et anglais.

L'Allemagne, établie au Togoland, revendique l'hinterland au delà du 9e parallèle. Des traités signés par le commandant Decœur et le lieutenant Baud en 1895 ont mis sous l'influence française la région au nord du 10e parallèle, entre la côte de l'Ivoire et le Dahomey, barrant ainsi l'hinterland des Achantis et du Togoland. (Voir Les Allemands en Afrique, p. 53.)

La convention de 1890 avait délimité les zones d'influence et de pénétration anglaise et française, sur la rive gauche du Niger et vers le Tchad, par la ligne générale *Say-Barroua,* mais rien de précis n'avait été conclu au sujet de la rive droite.

Les reconnaissances françaises se portèrent rapidement du Dahomey vers le Niger. Le capitaine **Toutée,** ne trouvant aucune trace de l'occupation anglaise à *Badjibo,* au sud de Boussa, y fondait, en 1895, le poste d'*Arenberg.*

Sur les réclamations de la Compagnie royale du Niger, le gouvernement français a ordonné l'évacuation de ce poste.

Mais la priorité de l'intervention française dans le {*Borgou* a été affirmée, et les reconnaissances récentes du capitaine **Baud** dans le *Gourma* n'ont pu que la confirmer.

Carnotville, fondé en 1894 au nord du 9e parallèle, paraît devoir être le point de départ des routes vers les régions du moyen Niger, et le centre politique et commercial de l'hinterland dahoméen.

En dernier lieu, le lieutenant **Hourst** a reconnu les conditions de navigabilité du Niger. (Voir **Missions et explorations.**)

Congo et Oubanghi. — La convention du 4 février 1894 a réglé la délimitation de frontières et de zone d'influence entre la colonie allemande du Cameroun et le Congo français. (V. la carte.)

Yola est laissé en dehors de la zone du Cameroun, mais le poste français, qui y avait été laissé par M. Mizon, a été retiré, et l'expansion française dans l'Adamaoua semble abandonnée.

La frontière entre le Congo français et l'Etat indépendant du Congo a été également réglée par la convention du 5 février 1895.

Cette frontière, après avoir suivi le cours de l'Oubanghi jusqu'au confluent du M'bomou et du Ouellé, est constituée par le thalweg du M'bomou jusqu'à sa source; par une ligne droite rejoignant la crête de partage du Congo et du Nil; à partir de ce point, la frontière de l'État indépendant est constituée par cette crête de partage jusqu'à son intersection avec le 30° de longitude est de Greenwich (27° 40' de Paris). L'État indépendant s'est engagé à n'exercer aucune action ni occupation au nord et à l'ouest de la ligne ainsi déterminée : le 30° de longitude est de Greenwich, à partir de son intersection avec la crête de partage jusqu'au point où ce méridien rencontre le parallèle 5° 30', puis ce parallèle jusqu'au Nil.

A la suite de ces conventions, les possessions françaises du Congo ont été divisées administrativement en deux parties :

1° le **Gabon** et **Congo français**, ch.-l. *Libreville;*

2° les **Territoires de l'Oubanghi**, placés sous l'autorité politique, administrative et financière d'un commandant supérieur.

L'ensemble des deux régions, qui forme une colonie d'exploitation, est sous la haute administration d'un commissaire général, assisté d'un lieutenant-gouverneur.

Les territoires de l'Oubanghi ne sont pas délimités au nord-est. Ils touchent aux régions du Bahr-el-Ghazal et du Soudan égyptien, sur lesquelles l'Angleterre prétend étendre son influence, et qui ouvrent les routes de l'Afrique centrale vers l'Abyssinie et les possessions françaises de la mer Rouge.

Le poste de *Zemio*, établi sur la rive droite du M'bomou, est le poste avancé de la colonie du Congo.

Madagascar.

Le traité de 1886 n'avait pu modifier les sentiments d'hostilité des Hovas, et les efforts des résidents qui se succédèrent à Tananarive, échouèrent devant la force d'inertie qu'opposait à l'application du traité le gouvernement hova, soutenu, d'ailleurs, par les missionnaires et agents anglais.

En 1894, le gouvernement français, à bout de patience, envoya M. Le Myre de Villers porter un ultimatum à Tananarive. Il ne put s'entendre avec le premier ministre, Rainilaiarivony, et se retira sur Majunga, rompant les relations diplomatiques et entraînant avec lui le personnel et les troupes de la résidence, ainsi que les colons et commerçants établis à Tananarive.

Un corps expéditionnaire fut aussitôt formé en France et dirigé sur Madagascar, sous les ordres du général Duchesne. Il comptait un effectif de 15,000 h., répartis en deux brigades.

On choisit comme point de débarquement et base d'opération le port de *Majunga,* quoiqu'il fût plus éloigné de Tananarive que Tamatave, et cela pour deux raisons :

1° Parce que la route de Tamatave à Tananarive traverse un pays très montagneux et très difficile ;

2° Parce qu'on comptait se servir, à partir de Majunga, des rivières *Betsiboka* et *Ikopa,* navigables aux hautes eaux, pour transporter sur chalands les troupes jusqu'à Suberbieville, et leur épargner ainsi la traversée de la zone côtière, insalubre et marécageuse.

Une avant-garde, sous le commandement du général Metzinger, précéda le corps expéditionnaire, et, dès avril, débusquait les Hovas de leurs premiers postes autour de Majunga.

Les troupes débarquèrent à partir de la fin d'avril. Mais des retards et des contre-temps, survenus dans le transport et le débarquement du matériel, ne permirent pas d'utiliser au moment opportun la route fluviale, et il fallut ouvrir une route à travers une plaine empestée. La fievre et la dysenterie ne tardèrent pas à faire de nombreuses victimes, surtout parmi les jeunes soldats du 200° régiment, formé en France. La marche en avant s'exécuta néanmoins, avec lenteur, au fur et à mesure de l'avancement de la route et de la constitution des approvisionnements. *Suberbieville* fut transformé en grand magasin, et les troupes s'y rassemblèrent peu à peu, à la limite des plateaux. Le 25 août seulement, l'avant-garde prenait pied sur les hauteurs, à *Andriba*, et entrait dans une région difficile, mais plus salubre et plus tempérée.

Le corps expéditionnaire était alors réduit de moitié. Le général Duchesne, devant la gravité de la situation, qui excitait déjà en France de vives inquiétudes, comprenant qu'il fallait en finir rapidement, forma, avec les troupes qui avaient résisté, une colonne légère de 4,000 hommes, et se lança hardiment sur Tananarive. Il n'emportait que 21 jours de vivres. En quinze jours de marches pénibles et de combats, sinon meurtriers, du moins incessants, le 30 septembre, la colonne attaquait Tananarive, qui se rendait après un court bombardement.

Le 1er octobre, la reine Ranavalo signait un traité reconnaissant définitivement l'occupation française. Le 18 janvier 1896, ce traité était modifié et consacrait la prise de possession de l'île par la France. Plus tard, juin 1896, Madagascar était déclarée *colonie française*.

Un résident civil représenta d'abord le gouvernement de la France ; mais des insurrections éclatèrent, des bandes de *fahavalos*, encouragées par la complicité des fonctionnaires hovas, menaçaient nos soldats et nos nationaux jusqu'aux portes de Tananarive. Il fallut rapidement remettre tous les pouvoirs entre les mains de l'autorité militaire.

Le général **Gallieni**, gouverneur actuel, a déjà obtenu des résultats remarquables dans l'œuvre qui lui a été confiée de pacifier Madagascar et d'en assurer l'exploitation. Mais il a été obligé, en avril dernier, de déposer la reine Ranavalo et de l'exiler à la Réunion, ainsi qu'une partie de son entourage. Ces mesures sévères et la haute impartialité du général auront raison des dernières marques de résistance des Hovas et des agents anglais.

Côte française des Somalis et dépendances.

Un décret de mai 1896 a réuni les territoires d'*Obock*, de *Tadjoura* et des *Danakils* au protectorat des Somalis, sous le nom de **Côte des Somalis et dépendances**, ch.-l. *Djibouti*, résidence du gouverneur.

Djibouti, avec une excellente rade, est le dépôt maritime des charbons et des vivres. Il ouvre la route du Harrar et du Choa. Un projet de chemin de fer, reliant Entotto à Djibouti, a été accepté par le négus Ménélik, sur la proposition d'un agent français, M. *Chefnicux*, depuis longtemps en relation de commerce et d'amitié avec l'Abyssinie.

Des missions officielles (**Lagarde-Bonvalot**) affirment actuellement, entre le négus et le gouvernement français, une entente déjà ancienne, et qui pourrait nous faciliter l'accès de la région du haut Nil et la liaison avec les établissements de l'Oubanghi.

Missions et explorations françaises (1894-1897).

Sahara.

Foureau (1894 et 1895), deux voyages. — Parti dans la direction d'*In-Salah*, dont il s'approche à 80 km., il parcourt le plateau de *Tademaït*, détermine la position d'*In-Salah*, passe par *Temassinin*, et cherche a franchir le *Tasili* des Azdjer; mais il est obligé de reculer devant l'hostilité des Touareg; 850 km. d'itinéraires nouveaux.

D'Attanoux (1894) traverse à peu près les mêmes régions que Foureau, mais ne peut dépasser le *lac Menkhoug;* retourne sur ses pas et découvre une route nouvelle à travers le grand Erg.

Fabert et Donnet (1894) explorent l'Adrar.

Soudan français.

Le **commandant Decœur** (1894-96), parti de Carnotville, après avoir exploré le *Borgou*, passe à *Sansanné-Mango, Fada-N'gourma, Say*, suit le Niger jusqu'à *Léaba* et revient à *Carnotville,* après avoir reconnu l hinterland du *Dahomey* jusqu'au Niger.

Les **lieutenants Baud et Vermersch** parcourent le pays situé entre l'hinterland du Dahomey et celui de la côte de l'Ivoire, et arrivent à Grand-Bassam, après avoir contourné le Togoland et la côte de l'Or.

Le **capitaine Marchand** (1894) explore toute la région de *Kong* entre le *Bandamma* et le *Zini*, fonde un poste à 200 km. de la côte.

Le **capitaine Toutée** (1895) part de Porto-Novo, atteint le Niger en face de *Badjibo*, fonde le poste d'*Arenberg*[1], remonte le Niger jusqu'à *Say, Sinder, Tibi-Farka*, et le redescend jusqu'à son embouchure.

Alby (1895) remonte de Carnotville jusqu'à *Ouaghadougou*.

Hourst (1896), lieutenant de vaisseau, parti de Tombouktou le 21 janvier avec mission de reconnaître le Niger jusqu'à Say et de se

---

1. Ce poste a été abandonné depuis, sur les instances de la Compagnie du Niger.

relier ainsi aux itinéraires de Decœur et Toutée, arrive le 27 février à *Tosage*, séjourne à Say, où il fonde le fort *Archinard*, descend le Niger par Boussa et Ouari, et rentre en France par le rio Forcados, reconnaissant ce fleuve, inconnu en partie, jusqu'à son embouchure. Les résultats de cette mission établissent la navigabilité du Niger, de *Bamako* à *Ansongo* (1,700 km.); d'*Ansongo* à *Boussa*, une série de rapides l'interrompt, et elle ne peut se continuer qu'avec de nombreuses difficultés jusqu'à *Lokodja*. Le Niger ne forme pas le coude accentué qu'on lui attribuait vers *Tosage*, mais incline sa courbe vers le sud-est.

Les **lieutenants Voulet et Chanoine** (1896), partis de *Bandiagara* (Soudan), gagnent le Mossi, fondent les postes de *Ouaghadougou*, dans le *Mossi*, et de *Sati*, dans le *Gourounsi*.

Le **capitaine Baud** (1896), parti du Dahomey, se dirige vers le Niger et, après avoir fondé une série de postes entre Carnotville et le *Gourma* (*Fado, Nihi*), gagne le Mossi et opère sa jonction avec la mission *Voulet* à *Tagba*. Ces deux explorations établissent d'une façon définitive l'union du Dahomey et du Soudan.

Le **lieutenant Bretonnet** (1896), parti en même temps que la mission *Baud*, se dirige à l'est vers le moyen Niger, et atteint *Boussa*, après avoir créé des postes et établi des résidents à *Bafilo, Bouay, Kirikri, Kandi, Ilo*. Il a été nommé résident au *moyen Niger*.

Congo français.

M. Clozel (1895) a remonté la haute Sangha, atteint Berberati et découvert la rivière *Wom*, affluent du Chari, déterminant ainsi la ligne de faîte entre le bassin du lac Tchad et celui du Congo.

Le **capitaine Decazes** a relevé le cours de la rive française de l'Oubanghi, remonté un affluent du M'bari jusqu'à 5° de latitude.

Les **lieutenants Vermot, Comte, François**, explorent le Chinko, l'Ouellé, le Kotto.

M. Liotard, commissaire du gouvernement, organise l'occupation des postes du *M'bomou* vers le *Dar-Banda*.

LES ANGLAIS EN AFRIQUE

Gambie et Sierra-Leone.

A la suite de la convention du 21 janvier 1895, une commission anglo-française a délimité les frontières de la colonie de Sierra-Leone, en se tenant en général sur la ligne de partage des eaux du Niger et des rivières de Guinée. La position de la source du Niger, à *Tembi-Kounda*, a été rectifiée (9° 5′ 20″ lat. N. et 13° 7′ long. O.).

Le tracé ne laisse de ce côté aucun hinterland à la pénétration anglaise. Il semble que les Anglais ne trouvent aucun intérêt, au moins pour le moment, à étendre leur influence et leur commerce dans la région du haut Niger. Ils y reconnaissent politiquement la France comme puissance exclusivement souveraine, et tournent leurs efforts du côté du bas Niger, dont le champ d'action leur paraît plus productif. Cela n'empêche pas les tentatives individuelles d'officiers, d'explorateurs et de commerçants, qui se heurtent parfois avec une certaine mauvaise foi aux postes et aux reconnaissances françaises.

Golfe de Guinée. — Côte de l'Or.

La Côte de l'Or, comme la colonie de Sierra-Leone, devrait être une enclave dans la région française du Niger. Mais la délimitation n'est pas réglée, et l'hinterland reste ouvert. En janvier 1896, l'Angleterre a annexé à la colonie de la Côte de l'Or le pays des *Achantis,* que les conventions avec la France avaient d'ailleurs laissé sous son influence.

Depuis l'expédition de 1878, les Achantis étaient restés tranquilles en apparence, mais ils se montraient toujours hostiles à la pénétration européenne. Les Anglais, comprenant l'intérêt qu'il y avait pour eux à occuper le pays et à en faire la base d'une concurrence aux influences française et allemande dans la région de la haute Volta, se décidèrent à imposer au roi des Achantis un protectorat plus étroit, en même temps qu'ils formaient le projet de construire une voie ferrée de pénétration. Le roi Pempreh ayant refusé de recevoir à Coumassie un résident anglais, une expédition fut organisée. Préparée, comme toutes les expéditions anglaises, avec le plus grand soin, la colonne expéditionnaire, sous les ordres de sir Francis Scott, atteignait Coumassie le 17 janvier, après vingt jours de marche, sans combat, et sans autre perte que 3 morts de maladie, dont le prince Henri de Battemberg, décédé en mer pendant qu'on le rapatriait. Le roi Pempreh avait fait sa soumission avant même le départ de l'expédition. Il ne lui en fut pas tenu compte ; il fut déposé et interné.

Un résident et une garnison de 700 h. ont été laissés à Coumassie, et des traités ont déjà englobé plusieurs tribus du Nord sous le protectorat anglais. Si les Anglais mettent à exécution, ce qui est probable, leur projet de construction d'une voie ferrée partant de Cape-Coast, la colonie de la Côte de l'Or s'interposerait bientôt dans la boucle du Niger entre les hinterlands français du haut Niger et du Dahomey. Le pays de *Kong*, placé par le capitaine Binger sous le protectorat de la France, est occupé actuellement par Samory, qui s'y taille un nouveau royaume. Les Anglais cherchent à nouer avec lui des relations politiques et commerciales, surtout depuis qu'il a refusé de recevoir, en 1896, le capitaine français *Braulot*. Mais il semble que Samory veuille rester indépendant et n'agir qu'au mieux de ses intérêts, en attendant que Français ou Anglais en finissent avec lui par une expédition décisive.

La population de la Côte de l'Or, avec les Achantis, est évaluée à 1,500,000 hab., dont 150 Européens. On compte une vingtaine de ports, tous avec *wharf*. Le trafic dépasse trente millions de francs.

Côte de l'Huile, Bénin et bas Niger.

On peut confondre sous le nom d'*Établissements anglais du Niger* trois régions administrativement distinctes : la colonie de **Lagos**, le **Protectorat de la côte du Niger**, et les **Territoires de la Chartered Royal Niger Company**.

La Compagnie Royale du Niger, qui devait d'abord se borner à l'exploitation des territoires entre le golfe de Guinée, le moyen Niger et la Bénoué, étend de plus en plus son action au nord, non seulement sur la rive gauche du Niger, vers les régions du Sokoto et du Bornou, placées par la convention de Berlin dans la zone de l'influence anglaise, mais surtout sur la rive droite, vers le pays haoussa, entre le Dahomey et le Niger. Dans un de ses derniers rapports, le président de la Compagnie expliquait cette extension des postes commerciaux et militaires par la nécessité de lutter contre les ambitions rivales de la France et de l'Allemagne.

Les agents de la Compagnie prétendent avoir passé de nombreux traités avec les indigènes de chaque côté du Niger; les explorateurs français et allemands en disent autant. Il est difficile de distinguer le bien-fondé de leurs affirmations contradictoires, dans ces pays où les signatures s'extorquent ou s'achètent, et souvent même n'ont aucune valeur, par suite de l'instabilité et de la confusion des chefs indigènes. Possession vaut titre; c'est encore le meilleur moyen d'assurer ses droits dans ces hinterlands, et les Anglais de la Compagnie du Niger pratiquent nettement cette conclusion positive des controverses diplomatiques et des conflits d'explorateurs. Des faits récents sembleraient prouver que l'on s'est décidé en France à user de cette politique du *beati possidemus* et à bénéficier des traités par une occupation effective [1].

Actuellement les postes de la Compagnie du Niger les plus avancés au nord sont : *Léoba*, sur le Niger, en amont de *Badjibo* (ancien fort Arenberg), occupé également par un poste anglais; *Loko,* sur la Bénoué; *Iola*, qui fut occupée pendant un an par un poste français, à la suite de l'expédition Mizon ; *Ilorin*, au nord du Bénin.

Entre le Niger et le Dahomey, le territoire contesté porte sur le Borgou et le Gourma [2].

Sur la rive gauche du Niger, la Compagnie du Niger vient de s'emparer effectivement de *Bida,* ville importante et capitale du pays de Noupé. Avec ses propres troupes, composées en majorité d'indigènes haoussas, elle a dirigé une expédition, qui a eu raison, non sans une vive résistance, des peuples foulbès et musulmans de cette région (janvier 1897). L'annexion de Bida aura un grand retentissement dans le Soudan. Bida est, en effet, un centre intellectuel, si on peut s'exprimer ainsi, dans ces pays barbares; l'islamisme a civilisé à peu près les habitants, et le rayonnement de ce foyer religieux s'étend jusque dans le Sokoto.

Pendant que la Compagnie Royale du Niger annexait Bida et le Noupé, une autre expédition était dirigée par le protectorat de la côte du Niger contre le roi du Bénin, tyranneau sanguinaire comme l'ex-roi de Dahomey Béhanzin, qui refusait de reconnaître le protectorat anglais. Après une marche pénible à travers la forêt équatoriale, harcelés par des ennemis dissimulés dans les fourrés, les Anglais ont réussi à enlever la ville de *Bénin* et y ont laissé une garnison de Haoussas.

1. Occupation de *Ouaghadougou*, dans le Mossi, de *Boussa*, sur le Niger; de *Nikki,* dans le Borgou ; de *Fado*, dans le Gourma.
2. Le capitaine Lugard, envoyé en mission vers le Borgou, n'a pu dépasser Nikki.

Un chemin de fer est commencé de Lagos à *Abeokouta,* capitale des Egbas.

La question du Transvaal.

Le Transvaal a subi, depuis 1884, une transformation profonde, due à la découverte des mines d'or du *Wittwaters Rand,* communément *Rand.* D'État agricole et pasteur, dont la paix semblait assurée par le traité de 1884 avec l'Angleterre, il est devenu du jour au lendemain une nouvelle *terre de l'or,* sur laquelle s'est précipitée, comme autrefois au Mexique et en Californie, une foule cosmopolite d'immigrants avides, âpres à la curée, disposés à considérer leur champ d'exploitation comme leur appartenant par droit de conquête. Il en est résulté entre les Boers et ces nouveaux arrivants, dits *Uitlanders,* c'est-à-dire étrangers, une tension de rapports, qui s'est aggravée de ce fait que la Compagnie anglaise de l'Afrique australe (South-Africa Chartered Company), vulgairement la *Chartered,* a appuyé les prétentions des Uitlanders, non seulement de son influence et de son crédit, mais par des moyens violents, tels que l'équipée récente du Dr Jameson.

Les Uitlanders sont, en effet, pour la plus grande partie, d'origine britannique, et entre *Johannesburg,* la capitale du Rand transvaalien, et le Cap, se sont resserrées rapidement des relations financières, commerciales et politiques, qui ont fait, pour ainsi dire, de cette région aurifère du Transvaal une dépendance de la colonie du Cap. Les Boers, insensibles à l'appât de l'or, sont restés groupés autour de Prétoria et dans leurs grandes fermes, séparés peu à peu de l'État d'Orange et de la côte par le Rand, dont la population s'est accrue sans relâche, passant de quelques fermiers en 1889, à 150,000 habitants en 1896, dont 35,000 Européens (20,000 Anglais) et 100,000 nègres employés au travail des mines.

Les Uitlanders anglais, forts de leur nombre, prétendirent alors posséder, au même titre que les Boers, les droits politiques et civiques. Ils réclamèrent une part proportionnelle à leur nombre dans la représentation du Transvaal, et l'allégement des lourdes taxes imposées aux mines d'or; mais en même temps ils se refusaient à la naturalisation et voulaient conserver leur nationalité. Leur duplicité était manifeste, et le gouvernement transvaalien comprit que, s'il cédait à de pareilles prétentions, il serait absorbé à bref délai par l'Angleterre, qui déjà se prévalait des droits de suzeraineté inscrits dans la convention de 1884.

Cette situation devait amener fatalement des conflits, aussi bien entre les Boers et les Uitlanders qu'avec les Anglais. La question du Transvaal a été ouverte en effet brusquement par une audacieuse violation du territoire transvaalien, exécutée en pleine paix, sans déclaration de guerre, avec les troupes mêmes de la Chartered Company, qui sont chargées d'assurer la garde et la police des territoires avoisinant le Transvaal.

Un complot fut ourdi entre les Uitlanders de Johannesburg et la Chartered Company, sous l'inspiration occulte de Cecil Rhodes, premier ministre de la colonie du Cap, et à l'insu, semble-t-il, des autorités officielles anglaises, qui ne l'auraient appris qu'au moment de l'exécution. (Ceci n'est pas certain.) Il avait été convenu que les Anglais de Johannesburg se souleveraient contre l'autorité transvaalienne, et qu'à ce signal, considéré comme un appel, une colonne de troupes de la Chartered, concentrées à *Mafeking,* sur la frontière transvaalienne, envahirait le Transvaal et marcherait sur Johannesburg. Les conjurés espéraient surprendre les Boers sans défiance. Les Uitlanders, en effet, très excités contre le gouvernement de Prétoria, lui adressaient, le 1ᵉʳ janvier, un ultimatum menaçant, après avoir prévenu auparavant le Dʳ **Jameson**, chef de la colonne réunie à Mafeking. Le 30 décembre, sans délai, ce dernier pénétrait sur le territoire transvaalien. Mais les Boers étaient sur leurs gardes : le général **Joubert**, le vainqueur de Mazuba, réunissait ses Burghers, et le 1ᵉʳ janvier Jameson était arrêté près de *Krügersdorp*, à 21 milles de Johannesburg. Après un combat de deux jours, pendant lequel il essaya de tourner les positions des Boers et de se rapprocher de Johannesburg, qu'il croyait en révolution, il fut entouré et mit bas les armes. Johannesburg n'avait pas bougé, devant l'attitude énergique prise par les Boers et sur le désaveu formel, envoyé immédiatement par le gouvernement du Cap à la première nouvelle de l'incursion Jameson.

Cet acte de flibusterie fut blâmé officiellement par le gouvernement anglais, et l'opinion publique en Europe s'en est émue au point de prendre nettement parti pour garantir l'indépendance du Transvaal. L'empereur d'Allemagne envoya au président Krüger une dépêche retentissante, le félicitant d'avoir repoussé, sans l'aide des puissances amies, l'attaque dont il avait été l'objet. Il marquait expressivement par là que l'Allemagne considérait les Boers comme des compatriotes, et qu'elle ne souffrirait pas volontiers leur absorption par l'Angleterre.

En Angleterre, l'opinion publique ne partagea pas le blâme offi-

ciel, et le jugement du Dr Jameson et de ses complices, que la mo
dération des Boers avait simplement bannis du Transvaal, au lieu de
les fusiller, comme ils le méritaient, donna lieu à Londres et dans le
Royaume-Uni à des manifestations caractéristiques en leur faveur.
Il est probable que, si l'opération avait réussi, le gouvernement
anglais l'aurait sanctionnée, en dépit de l'opposition de l'Allemagne
et de l'Europe.

Les difficultés ne sont pas aplanies d'ailleurs, et la situation reste
toujours tendue. Le gouvernement du Transvaal, fort de sa victoire
et de l'appui moral que lui a donné l'Allemagne, réclame l'abroga-
tion de la clause de vassalité inscrite dans la convention de 1884, et
vient de conclure avec l'État libre d'Orange une alliance défensive
contre toute agression menaçant leur indépendance. L'idée d'une
fédération est réservée, mais ce traité a suffisamment inquiété les
Anglais pour qu'ils songent à régler définitivement la question
transvaalienne de gré ou de force. On ne peut prévoir l'issue des
conflits, qui se dérouleront sans doute d'ici peu. Les Boers ont
prouvé à plusieurs reprises leur énergie et leurs qualités guerriè-
res; mais, entourés par les colonies anglaises, ils ne pourraient
certainement pas résister à une forte expédition anglaise, soutenue
par les Uitlanders, s'ils ne reçoivent pas un appui effectif de la part
des puissances européennes intéressées.

En tout cas, l'union des *Afrikanders* de l'Afrique australe, rêvée
par Cecil Rhodes, et qui a encore ses nombreux partisans, même
parmi les Boers, semble, sinon compromise, du moins retardée. Le
Transvaal a intérêt pourtant à ne pas s'isoler de ce mouvement de
fédération de l'Afrique australe. Boers et Anglais peuvent s'entendre, la première effervescence des démêlés politiques une fois pas-
sée, pour le développement et l'exploitation des richesses naturelles du pays. Plus que toute autre région, le Transvaal est dans une
voie remarquable de prospérité. En se développant d'une façon si
extraordinaire, l'industrie minière a déterminé un grand mouvement commercial, auquel participe également l'État libre d'Orange.
Ce dernier, plus favorisé que le Transvaal au point de vue agricole,
l'alimente en partie.

Le rendement de l'or au Transvaal a dépassé 2 millions d'onces en
1896; la population augmente sans cesse; et si l'on compte encore
beaucoup d'aventuriers, le nombre des immigrants sérieux, qui se
fixent dans le pays ou y dirigent des établissements solides, est considérable et garantit la prospérité du pays.

Jusqu'en 1896, les immigrants français étaient rares. Le bruit fait

autour du Transvaal y a attiré une petite colonie française, qui
grossit de jour en jour. Nos négociants et industriels y trouveront
un champ de concurrence très large encore et très rémunérateur
contre les Anglais, les Hollandais et les Allemands. Il serait inté-
ressant de provoquer entre nos établissements de Madagascar et
le Transvaal un échange de produits et d'immigration, qui serait
très avantageux à notre nouvelle colonie. Lors de l'expédition de
Madagascar, des Boers proposèrent de venir combattre dans nos
rangs; on pourrait facilement se les attirer en leur offrant de vastes
concessions.

Chemins de fer. — Le Transvaal est rattaché aux grands ports
de l'Afrique australe, le Cap, Port-Elizabeth, East-London, Durban
(Natal) et Lourenço-Marquez.

Le réseau intérieur comprend :

1º la ligne Krugersdorp-Johannesburg-Springs-Klepsdorff;

2º la ligne du Vaal à Johannesburg-Prétoria, 125 km.;

3º la ligne de Prétoria à Komati (frontière du Mozambique),
473 km.;

4º la ligne d'Elsburg à Charlestown (Natal), 254 km.

Le Transvaal étend son protectorat depuis 1895 sur le *Swaziland,*
qui lui a été cédé par l'Angleterre.

Zambezia et Rhodesia.

La British South Africa Chartered Company, ou la *Chartered,*
comme on l'appelle vulgairement, est devenue à elle seule une sorte
d'État dans l'Afrique australe, et son influence y est prépondérante.
Les colonies du Cap et de Natal sont en concordance d'idées et
d'action avec elle; et si l'appui officiel du gouvernement anglais
semble parfois lui faire défaut dans certaines circonstances criti-
ques où elle a engagé un peu témérairement sa responsabilité, elle
n'ignore pas que l'opinion publique en Angleterre la soutient, et que
la politique anglaise suit toujours d'un œil favorable les progrès de
l'expansion britannique.

La Chartered, fondée en 1888 pour l'exploitation des mines du
pays des Matébélés, et nantie en 1889 d'une charte lui donnant,
au nord du Betchouanaland, tous les droits financiers commerciaux
et militaires d'un État particulier, sous la haute autorité de la reine,
possède aujourd'hui de vastes territoires, dépassant en superficie le
quart de l'Europe, s'étendant du Betchouanaland, au sud, à la frontière

de l'État du Congo, au nord, et du Sud-Ouest allemand et de l'Angola portugais, à l'ouest, au Mozambique et à l'Est-africain-allemand, à l'est. Comme le disait Cecil Rhodes en 1895, « la Chartered tient le sol et le sous-sol, de Mafeking au Tanganyika, sur une superficie de plus de 1,600,000 kq. » La région du *Nyassaland* seule constitue un protectorat distinct, et encore la Chartered y a-t-elle de nombreuses concessions minières.

Cet immense pays, qu'on appelle *Zambesia*, et aussi *Rhodesia* en l'honneur de Cecil Rhodes, constitue un champ d'exploitation très varié, dont les mines d'or, de diamant et autres minerais pour le moment sont l'élément le plus important. Mais beaucoup de régions sont aussi favorables à l'élevage et à la culture, entre autres la contrée tempérée avoisinant l'Ouest-africain-allemand.

La Chartered a déployé une activité remarquable dans la mise en rapport de ces territoires. Des routes ont été ouvertes avec une rapidité extraordinaire, en utilisant les noirs, que la Compagnie protégeait ainsi contre les pillards matébélés. Le réseau ferré a marché en même temps que l'expansion de la Chartered; une grande ligne va du Cap à Mafeking, et sa prolongation sur *Fort-Salisbury* par Boulouwayo est en voie d'exécution. Boulouwayo sera sans doute atteint à la fin de 1897, et le trajet du Cap à ce point sera d'environ 100 heures. Fort-Salisbury sera également relié à Beira, sur la côte de Mozambique; cette ligne sera la voie la plus courte et la plus économique d'Europe dans la Zambezia.

Malgré son activité et des bénéfices jusqu'ici assez rémunérateurs, la Chartered n'est pas encore dans une situation absolument sûre. Cela tient à deux causes : 1º à l'ambition de ceux qui la dirigent et qui voudraient englober dans leur sphère d'action toute l'Afrique australe; 2º à l'état du pays lui-même, troublé par les résistances et les révoltes des indigènes, des Matébélés entre autres, et trop souvent ravagé par des épidémies préjudiciables à la colonisation.

Les Matébélés. Conquête et révolte. — Les Matabélés occupent un territoire très vaste entre le Zambeze et le Limpopo. Ce pays est riche, bien arrosé, boisé, et renferme de nombreux gisements aurifères. Les Matébélés, de la même famille que les Zoulous, sont belliqueux et barbares, mais assez bien organisés. A l'époque où les Anglais pénétrèrent dans ces régions, leur roi *Lobengula*, despote sanguinaire, mais intelligent, leur accorda des concessions minières moyennant des armes. Il se procura même des fusils se chargeant par la culasse, et ne craignit pas de pousser ses incursions jusque sur le territoire anglais. La Chartered n'hésita pas à profiter de l'occasion. Elle avait déjà des postes installés aux forts *Charter, Victoria, Tuli* et *Macloutsie*, dans les territoires concédés. Quatre colonnes partirent de ces postes en octobre 1893 et convergèrent sur *Boulouwayo*, capitale des Matébélés. Ces derniers, deux fois battus, abandonnèrent Boulouwayo, qui fut occupé le 4 novembre. Lobengula, en fuite, voulut traiter d'abord, mais il aurait sans doute continué à tenir la campagne, s'il n'était mort en février 1894.

Le Matébéléland fut incorporé dans les domaines de la Chartered. Une police indigène fut organisée par les soins du Dr Jameson, qui avait dirigé la conquête. La pacification se serait effectuée sans aucune résistance nouvelle, si la Chartered n'avait pas dégarni le pays pour attaquer le Transvaal. Jameson emmena avec lui la plus grande partie des troupes blanches Son échec eut un grand retentissement dans toute l'Afrique australe. Les sentiments d'indépendance des Matébélés étaient encore vifs, et l'oppression de la Chartered se faisait précisément sentir, d'une part, par le régime du travail forcé qu'elle imposait aux indigènes, et, d'autre part, elle venait de prendre une mesure rigoureuse en faisant abattre, sans aucune indemnité aux propriétaires indigènes, tous les troupeaux où se manifestaient des cas d'une épizootie récemment déclarée dans ces régions d'élevage. En quelques semaines, par suite de l'absence des troupes blanches, l'insurrection devint générale; les blancs furent massacrés, en représailles de la destruction des troupeaux. Les Machonas suivirent le mouvement.

Dans plusieurs combats, les Matébélés tinrent en échec les colonnes anglaises. Ils bloquèrent quelque temps Boulouwayo. Rejetés dans les monts Matoppo, ils résistèrent énergiquement. Mais les Anglais, pour en finir, brûlèrent systématiquement les kraals (villages) et détruisirent les troupeaux. Les Matébélés, réduits à des poignées d'hommes, sans vivres, fauchés par les mitrailleuses Maxim, ont mis bas les armes à la fin de 1896. Huit mille indigènes ont été tués. Le pays est ravagé pour longtemps, sans que l'ordre soit assuré.

Chemins de fer de l'Afrique australe (*historique*).

Mars 1859. — Construction de la première ligne ferrée (58 milles), du Cap à Wellington; elle est terminée en 1863. La Compagnie vend, en 1872, à la colonie, sa concession de 58 milles pour 773,000 livres. C'est la ligne la plus fructueuse du Cap, le tronc d'où devaient partir les voies pénétrantes vers le Nord et l'Est.

1877.   Un chemin de fer est projeté de Pretoria à Lourenço-
                    Marquez; les Chambres portugaises avaient voté une sub-
                    vention, un matériel considérable était acheté. Les Anglais
                    font vendre le matériel à vil prix; il est porté à Natal pour
                    servir à la ligne Natal-Pietermaritzburg.

1885. —   Un chemin de fer construit aux frais de la colonie est
                    destiné à relier la côte (Port-Alfred) aux deux villes nouvel-
                    les de Beaconfield et Kimberley.

1889.   L'État libre d'Orange autorise le prolongement de la ligne
                    de Colesberg à Bloemfontein, qui est terminée en 1891.
                    Cette ligne est prolongée, en 1892, jusqu'à Johannesburg,
                    et, en janvier 1893, jusqu'à Prétoria.

1889-90. —   La colonie du Cap a construit la ligne de Kimberley à
                    Vribourg (126 milles), elle se prolongera jusqu'à Mafeking,
                    Palapye et Fort-Salisbury.

1890. —   Construction de la route importante, pour *chars à bœufs*.
                    destinée à relier le territoire de la Compagnie (*British South
                    Africa Company*) à la colonie du Cap. — Partant de Lim-
                    popo et jalonnée par les forts Macloutsie, Tuli, Victoria,
                    Charter, sur une longueur de plus de 500 kil., elle aboutit
                    à Fort-Salisbury. Ce terminus sera relié à la côte portu-
                    gaise par une voie ferrée partant du port de Beira, soit
                    450 kil.

1890.   Une Compagnie ostensiblement hollandaise, soutenue
                    par des banques allemandes, ouvre une voie ferrée de 72 kil.
                    entre Lourenço-Marquez et Komati-Poort, sur la frontière
                    transvaalienne; cette ligne doit être prolongée jusqu'à
                    Prétoria (600 kil. env.). En 1893, cette ligne est augmentée
                    de 202 kil. à partir de la frontière portugaise, et de 30 kil.
                    du côté de Prétoria. — Elle est terminée en 1895.

1892. —   Achèvement de la plus longue ligne de chemin de fer
                    de l'Afrique, du Cap à Prétoria, 1,760 kil. — Cette longue
                    ligne est en exploitation le 1er janvier 1894

20 juin 1893   —   Inauguration de la première section (120 kil.) de la ligne
                    de Komati Poort à Prétoria.

1893. —   Commencement des travaux par la *British South Africa
                    Company* de la ligne ferrée qui doit continuer la ligne de
                    Vribourg à Mafeking jusqu'à Fort-Salisbury. La Compagnie
                    reçoit, à titre de concession, 20,000 kq. de la colonie du Bet-
                    chouanaland. En janvier 1897, les travaux atteignent Pala-
                    pye, et ils atteindront probablement Boulouvayo à la fin
                    de 1897.

1893. —   Une société au capital de dix millions de francs réalise
                    le projet de M. Cecil Rhodes d'établir une ligne télégra-
                    phique reliant la colonie du Cap à l'Égypte. La première
                    section est commencée entre Fort-Salisbury et Fort-Johns-
                    ton (près de Mponda, r. d du lac Nyassa); au commence-
                    ment de 1895, elle aboutit à Tété (Zambèze).

1894. Est autorisée la construction de la ligne de Vryheid (nou velle République) à Dundee (Natal) pour amener les char bons des mines de Natal aux mines d'or de Vryheid.

1894 — Est autorisée celle de Prétoria à Pietersbourg (Zoutpansberg) par Vylstroom (Waterberg).

1894. Est autorisée celle de Krugersdorp à Potchefstroom et Klerksdorp (centre minier).

Janvier 1895. — Ouverture de la ligne Delagoa-Bay à Prétoria, 593 kil., commencée en 1890, événement très important pour le commerce de la république Sud-Africaine. Prétoria, communiquant avec la mer à 600 kil., est ainsi relié par voie ferrée avec la ville du Cap, près de 1,700 kil. (1,674 kil.); Port-Élizabeth, 1,200 kil.; East-London, 1,100 kil. — L'inauguration solennelle a eu lieu le 1er juillet 1895; des félicitations toutes spéciales, particulièrement de l'empereur d'Allemagne, ont été envoyées au président, M. Kruger.

Fin 1895. — Terminaison de la ligne Durban (Port-Natal) Pietermaritzburg-Charlestown Heidelberg-Johannesburg, 725 kil., commencée en 1877.

La colonie du Cap exploite (1896) : chemins de fer d'État, 3,626 kil.; chemins de fer privés, 243 kil.; en tout, 3,869 kil. ou 2,404 milles anglais.

La république Sud-Africaine a en exploitation 991 kil.; en construction, 760 kil.; en étude, 168 kil. (1896).

L'État libre d'Orange a en exploitation 759 kil.; en construction, 84 kil.; en étude, 568 kil. (1896).

La grande ligne du Cap-Fort-Salisbury, en se prolongeant par les grands lacs, indique la direction de la grande voie ferrée *transafricaine* qui reliera sans doute un jour Alexandrie au Cap.

Est-Africain anglais.

La British East Africa Company a rétrocédé sa charte au gouvernement anglais en 1894, à la suite de difficultés financières et politiques. L'*Ounyoro* et l'*Ouganda* ont été placés en 1893 sous le protectorat direct de l'Angleterre. Le pays est troublé. Des expéditions ont été nécessaires pour confirmer la suzeraineté anglaise. Kabarega, roi de l'Ounyoro, a été rejeté dans le Nord, des postes fortifiés ont été établis sur les bords du lac Albert-Édouard, dans l'Ounyoro et dans l'Ankoli.

Les Anglais sont entrés en 1895 à *Ouadelaï*, mais ont évacué ce point après avoir conclu un traité avec un cheikh local. Ils ont occupé *Lado*, sur la rive gauche du haut Nil. Un chemin de fer est en voie d'exécution de *Mombassa*, le principal port sur l'océan Indien et chef-lieu du protectorat, au lac Victoria.

Le sultan de Zanzibar étant mort le 25 août 1896, une révolte a éclaté. Saïd-Kaled, oncle du sultan défunt, hostile aux Anglais, se proclama sultan. Son règne a duré deux jours. A coups de canon les Anglais ont affirmé leur protectorat sur Zanzibar. Un cuirassé et deux canonnières ont bombardé le palais et forcé Saïd-Kaled à se réfugier au consulat allemand, qui n'a pas voulu le livrer.

L'Angleterre considère comme appartenant à la sphère d'influence de l'Egypte toute la vallée du Nil ; et comme elle ne prévoit pas l'évacuation prochaine de l'Égypte, elle tend à développer son influence politique et commerciale dans le haut Nil par les lacs, afin de rejoindre un jour l'Egypte. Elle a pourtant concédé à la France de ne pas dépasser sur la rive gauche du haut Nil le parallèle 5° 3′.

Par une convention avec l'État belge du Congo (12 mai 1894), l'Angleterre donnait à bail à cet État les territoires du haut Nil et du Bahr-el-Ghazal et se faisait céder en échange une bande longeant le Tanganyika, unissant ainsi le Nil et par conséquent l'Égypte et l'Est-Africain à la Zambézie et au Cap.

La France et l'Allemagne, lésées par cet arrangement clandestin, protestèrent énergiquement et obtinrent son annulation. (V. Est-Africain-Allemand et État du Congo. Les deux blocs anglais du Nil et du Zambèze sont encore séparés, mais il y a lieu de croire et même d'espérer que la voie ferrée du Cap à Salisbury se prolongera un jour le long du Tanganyika vers le haut Nil ; elle peut rester internationale et profiter à tous les riverains.

Soudan égyptien.

Le Soudan oriental est appelé égyptien, parce qu'il est dans la zone d'influence de l'Égypte. Il lui a appartenu de fait quelque temps et lui reviendra sans doute, lorsque les Anglais briseront la résistance des Arabes qui tiennent le **Darfour** et le **Kordofan** sous leur oppression.

Ces régions, où coulent le Nil supérieur et ses nombreux affluents, sont couvertes de végétation pendant dix mois de l'année ; on y trouve de belles forêts de gommiers et d'acacias.

Le *Barh-el-Ghazal,* dont la partie nord est un vaste marécage de 5 à 600 kil. d'étendue, a une grande importance comme territoire contigu aux trois bassins du *Tchad,* du *Congo* et du *Nil,* ouvrant ainsi la grande direction *Congo-Nil,* entre la France et l'Angleterre. L'hinterland est encore en litige.

Khartoum, fondé en 1823, serait devenu le centre commercial et politique du Soudan oriental, s'il n'était tombé aux mains des mahdistes. Cette ville, siège du gouvernement égyptien, fut glorieusement défendue en 1884-85 par **Gordon-Pacha**, qui périt dans le dernier assaut.

En 1882, un prophète musulman, qui se donnait pour le Messie (Mâhdi), entraîna dans un soulèvement général les marchands d'esclaves arabes, menacés dans leur commerce, et les populations fanatiques du Kordofan et du Sennaar. Les Égyptiens, massacrés en détail, furent obligés de reculer jusqu'à Dongola, et l'intervention des troupes anglaises ne put avoir raison de l'armée mahdiste, qui s'empara successivement d'El-Obéid et de Khartoum. Les Mahdistes, ou Derviches, tiennent toujours les régions du Nil supérieur et s'opposent absolument à la pénétration européenne, tant du côté de l'Égypte que du côté de l'Erythrée.

Les Anglais maintiennent l'occupation de l'Égypte en prétextant précisément qu'ils doivent reprendre tous les territoires du Soudan égyptien. Ils viennent d'organiser une expédition très sérieuse pour en finir avec les Derviches et occuper définitivement la région du haut Nil[1]. Ils ont intérêt à se relier avec les grand lacs et à barrer la route aux Français et aux Allemands.

La colonne expéditionnaire a été concentrée en mars 1896 à *Ouadi Halfa*, avant-garde à *Akasheh*. Un chemin de fer, qui s'avance avec la colonne, assure le ravitaillement. Après plusieurs petits combats où les Derviches eurent le dessous, *Dongola* a été occupé le 20 sept. C'est de là que repartira en 1897 l'expédition pour marcher sur Khartoum. Il semble que les Derviches aient perdu de leur énergie première. Le calife Abdullah ne jouit pas du même ascendant que le Mahdi, et les divisions de ses lieutenants assureront un succès facile aux Anglais, dont la marche est d'ailleurs très prudente et ne laisse que peu de prise à l'imprévu.

---

1. L'organisation de cette expédition a donné lieu à un incident diplomatique. L'Angleterre voulait faire payer les frais de l'expédition par le budget égyptien. La dette égyptienne est sous la garantie des grandes puissances européennes. La France et la Russie se sont opposées à ce détournement des fonds égyptiens au profit de l'Angleterre, et, malgré le consentement de l'Allemagne, de l'Autriche et de l'Italie, le tribunal administratif du Caire leur a donné raison.

LES ITALIENS EN AFRIQUE

Débuts de l'occupation italienne. — Le début des tentatives coloniales de l'Italie dans la mer Rouge fut l'occupation de la baie d'Assab, qu'elle avait acquise en 1870. Sous prétexte de protéger ce territoire, elle fit débarquer en 1885 à *Massaouah* un petit corps expéditionnaire et prit possession de cette île, malgré les protestations des Égyptiens qui y tenaient garnison. La même année, les Italiens occupaient les points de *Monkullo*, *Arkiko* et *Arafali,* et peu à peu tous les points de la côte entre Massaouah et le détroit de Bab-el-Mandeb.

Le négus d'Abyssinie, **Johannès,** prenant ombrage du progrès incessant des Italiens, protesta d'abord contre leur envahissement. Les hostilités ne tardèrent pas à s'ouvrir, et le ras Aloula écrasait un détachement italien à *Dogali* (26 janvier 1887). Pour tirer vengeance de ce désastre, l'Italie organisa un corps expéditionnaire de 20,000 h. sous le commandement du général San-Marzano, qui occupa *Saati.*

Sur ces entrefaites l'empereur Johannès était tué dans une bataille contre les Mahdistes, qui avaient envahi le nord de l'Abyssinie; il aurait, paraît-il, désigné pour son successeur le ras Mangascia, son fils naturel; mais ce dernier dut s'incliner devant le roi du Choa, **Ménélik,** qui, après avoir battu tous ses concurrents, se fit couronner empereur à Antotto (nov. 1889).

L'Italie, qui avait noué des intrigues avec Ménélik pendant qu'il était roi du Choa, crut le moment venu de profiter des troubles de l'avènement du nouveau négus, et en effet Ménélik, réservant l'avenir, signait, sur les instances du comte Antonelli, depuis longtemps en mission auprès de lui, le traité d'*Uccialli* (sept. 1889).

Ce traité reconnaissait à l'Italie toute la partie nord du *Tigré* et la route conduisant à *Kassala* et au Nil. Une ambassade dirigée par le ras Makonnen fut envoyée en Italie, où elle fut comblée de prévenances et de cadeaux. Mais les Italiens n'observèrent pas ce traité; continuant leur marche en avant, ils occupèrent *Keren* et *Asmara* en 1889, puis plus tard *Adoua*, capitale du Tigré (1890), qu'ils évacuèrent d'ailleurs un mois après. Cette première violation du traité, et surtout l'interprétation donnée par les Italiens aux termes mêmes du traité, excitèrent la colère de Ménélik et le déterminèrent à dénoncer le traité d'Ucciali (1893). En effet, par une clause, Ménélik avait admis que le gouvernement italien pourrait être son intermédiaire dans ses relations avec l'Europe. L'Italie prétendit en conclure une reconnaissance formelle du protectorat de l'Abyssinie; on ne put s'entendre. Ménélik rendit l'argent prêté par l'Italie et se prépara à la guerre.

Pendant ces négociations, les Mahdistes, après leur expédition contre le négus Johannes, s'étaient emparés de Kassala et assiégèrent la place d'*Agordat*, que les Italiens venaient d'occuper. Le colonel Arimondi, malgré son infériorité numérique, les repoussa. Enhardis par ce succès, les Italiens marchèrent sur Kassala et s'en emparèrent (juillet 1894).

De son côté, le général Baratieri, gouverneur de l'Érythrée, envahissait le Tigré avec 3,500 hommes, occupait *Adigrat* après avoir vaincu le ras Mangascia à *Coatit*, puis, quelques mois après, la ville de *Makallé*, où il laissait une garnison. Le général Arimondi, lancé à la poursuite des troupes du ras Mangascia, battait ces dernières à *Antalo* et à *Debra-Ailat* (9 et 11 oct. 1895) et installait ses avant-postes dans la forte position d'*Amba-Alaji*, à 2,000 m. d'altitude. C'est là que, le 7 décembre, la colonne du major Toselli était attaquée par une armée de 20,000 h., commandée par le ras Makonnen. Après une héroïque résistance, cernée de toutes parts, la colonne Toselli fut écrasée, et son chef tué. 300 hommes seulement et 3 officiers purent s'enfuir du champ de bataille et gagner *Makallé*, où le colonel Galliano s'enferma. L'armée abyssine, sous les ordres de Ménélik lui-même, vint mettre le siège devant cette place. Dépourvus de matériel de siège, les Abyssins, après plusieurs assauts infructueux, se contentèrent de bloquer étroitement la place. Les Italiens affamés furent obligés de se rendre, la garnison obtint de sortir avec armes et bagages et de rejoindre le général Baratieri à *Ada-Agamus*, en laissant plusieurs officiers prisonniers (30 janvier).

L'armée de Ménélik, évaluée à environ 80,000 h., se dirigea sur *Adoua* et *Axoum*.

Le général Baratieri, qui avait abandonné successivement *Ada-Agamus* et *Adigrat*, se trouvait à *Entiscio*, aux environ d'Adoua.

Les deux armées en présence restèrent longtemps immobiles; mais dans le courant de février, à la suite de la défection de deux ras qui combattaient dans les rangs italiens, poussé à bout par le manque de vivres, ayant aussi reçu sans doute des ordres d'Italie, le général Baratieri, avec 17,000 h., après avoir consulté les officiers généraux sous ses ordres, dut se décider à combattre.

Le combat, commencé à 7 h. du matin (1ᵉʳ mars), se termina par le désastre complet de l'armée italienne. Ses pertes s'élevèrent dans cette journée à 5,000 morts, 2,000 prisonniers, 2 généraux tués (da Bormida, Arimondi). Toute l'artillerie (72 canons) tomba au pouvoir de l'ennemi.

La catastrophe d'*Adoua* provoqua en Italie une véritable stupeur. Le ministère Crispi tomba; le général Baratieri, relevé de son commandement, dut passer en conseil de guerre; il fut d'ailleurs acquitté. Le général Baldissera, son successeur, après avoir réuni les débris de l'armée battue à Adoua, se concentra à *Asmara* avec les troupes de renfort (15,000 h.) qui venaient de débarquer à Massaouah.

Des négociations entamées dès le lendemain de cette défaite ont abouti à un traité qui a reconnu l'indépendance absolue de l'Ethiopie. La frontière italienne est reportée à la ligne *Mareb-Belessa*. Les prisonniers italiens ont été rendus. Une indemnité de guerre, dont le montant a été laissé à l'équité du gouvernement italien, doit être payée à l'empereur Ménélik.

Actuellement le gouvernement italien, abandonnant la politique de conquête et d'expansion coloniale, a résolu, avec l'assentiment des Chambres italiennes, de maintenir les relations pacifiques avec le négus. Les propositions discutées aux Chambres italiennes laissent entrevoir une évacuation prochaine des territoires de l'Érythrée. On garderait seulement *Massaouah* et le protectorat nominal de la côte des Somalis.

Le massacre récent de la mission *Cecchi* par les Somalis (1897) et celui de la mission de *Bottego*, au sud de l'Abyssinie, dans le *Kaffa*, le peu de résultats obtenus pour la colonisation et le commerce italiens, n'encourageront pas l'Italie à dépenser de nouveau son or et ses soldats dans des entreprises aussi déplorables.

L'Abyssinie ou Éthiopie.

L'Abyssinie est, dans son ensemble, un *haut plateau* de forme triangulaire (alt. moyenne, 1,500 à 2,000 m.), dont la terrasse orientale surplombe le littoral de la mer Rouge, en s'éloignant de la côte à mesure qu'on avance vers le sud.

Ce haut plateau est découpé en des milliers de petits plateaux granitiques et volcaniques, qui forment une des régions les plus tourmentées et les plus difficiles du globe. Les vallées (*kouallas*) sont des gorges profondes, entonnoirs et précipices aux parois abruptes, que la chaleur concentrée rend étouffantes et insalubres; les eaux y roulent torrentiellement, de cascades en cascades, et les rivières, au lieu d'être les voies de communication naturelles du pays, deviennent ainsi des obstacles infranchissables une grande partie de l'année, toujours difficiles même à la saison sèche Les plateaux, très accidentés, surmontés par des cimes coniques (*ambas*) qui dépassent souvent 4,000 mètres, sont, au contraire, tempérés, sains et fertiles.

La côte de la mer Rouge est une fournaise, et c'est pourquoi les Italiens, établis à Massaouah, ont été obligés d'escalader la terrasse et d'aller chercher sur les hauteurs, dans le Tigré, de l'air respirable et une zone propice à l'exploitation coloniale.

L'Abyssinie se divise naturellement en deux régions, le *Tigré* et le *Choa*, de nature identique, séparées par la région intermédiaire du lac *Tsana* et de l'*Amhara*.

Adoua est le principal centre du Tigré, et *Ankober* celui du Choa. Dans l'Amhara, *Gondar,* au centre de l'Abyssinie, semble être appelé a devenir la capitale politique du pays unifié.

La résidence actuelle de l'empereur est à *Addis-Abbaba* dans le *Choa*.

L'Abyssinie est habitée par des populations de couleur foncée, dont quelques-unes ont le type sémitique, intelligentes et énergiques. Elles ont été converties au christianisme vers le ive siècle.

Les Éthiopiens étaient connus de l'antiquité. La reine de Saba, qui vint visiter Salomon, était sans doute une reine d'Éthiopie. Les Éthiopiens résistèrent aux Romains, comme ils ont résisté aux Anglais, comme ils résistent actuellement aux Italiens [1].

Ils sont sympathiques à la France, qui entretient des relations amicales avec eux, et ils sont en communion religieuse avec les Russes orthodoxes. Une mission française, dirigée par M Lagarde, gouverneur de la côte des Somalis, a obtenu de Ménélik un traité favorable aux intérêts français. (V. Les Français en Afrique.)

---

[1] En 1867, le négus Théodoros gardait prisonnière une mission anglaise. Ne pouvant obtenir satisfaction, l'Angleterre se décida à diriger contre lui une expédition. Elle partit de *Zoullah* et se dirigea sur *Magdala*, capitale du négus *Théodoros*, en passant par *Adigrat* et *Antalo*, évitant ainsi les précipices des vallées. Elle mit trois mois à atteindre Magdala, qui fut enlevée d'assaut. Les Anglais se retirèrent ensuite, appréciant, sans doute, les difficultés et le peu d'avantages que présenterait une prise de possession du pays.

L'Abyssinie est partagée entre des princes indépendants, appelés *ras*. Le régime politique du pays rappelle assez les formes féodales.

Les tendances de reconstitution de l'ancien royaume éthiopien n'avaient pas trouvé de chef assez fort pour les réaliser. Le sentiment du danger commun, en face des prétentions de l'Italie, a uni les ras abyssins, et le chef du Choa, *Ménélik*[1], a été reconnu par eux comme *négus*.

LES ALLEMANDS EN AFRIQUE

Togoland. — Depuis 1894, le Togoland a été le point de départ d'une série d'explorations, ayant pour but d'étendre vers le nord la sphère d'influence allemande.

En 1894-1895, une grande expédition fut organisée par un comité, dit du Togo, sous la direction du docteur **Grüner**, du lieutenant **de Carnap** et du docteur **Doring**. Elle remonta par *Salaga* dans le Bariba et le Gourma, mais fut constamment devancée par la mission française Decœur. Elle signa pourtant avec des chefs indigènes plusieurs traités, sur lesquels une discussion diplomatique est ouverte.

En 1896, le lieutenant **de Carnap** a établi une station à *Sansanné-Mango*, d'accord avec le chef de cette ville, et organisé un service régulier de courriers entre ce point et *Kelekratji*, poste fondé sur la Daka, par le docteur Gruner. Il a parcouru ensuite le Mango, le Mossi et le Gourma.

Cette même année, le lieutenant comte **Zech**, chef de la station de *Kelekratji*, s'est porté dans la zone de *Salaga*, a atteint le confluent de la *Daka*, à la limite de la zone neutre anglo-allemande, et constaté que les Anglais y avaient une station. En revenant par *Salaga*, il fut attaqué par les Dagombas et rentra au Togo par *Kirikri*.

Une pétition toute récente de la Société coloniale allemande au chancelier de l'Empire indique quelles sont les prétentions allemandes au sujet de l'hinterland revendiqué. Elle signale l'établissement de postes français dans le Mossi et le Gourma comme contraire aux

---

1. *Ménélik* prétend descendre directement du fils de Salomon et de la reine de Saba, auquel la tradition donne le nom de Ménélik.

traités passés par le docteur Gruner et le lieutenant de Carnap avec les indigènes, et demande que le gouvernement allemand intervienne auprès du gouvernement français pour assurer à l'hinterland allemand tout le pays de Gando.

Une commission mixte a été en effet constituée par la France et l'Allemagne à Paris, et elle étudie en ce moment le règlement du conflit.

La situation est la suivante :

Les Allemands occupent effectivement *Sansanné-Mango*, et ont placé sous leur protectorat le sultanat de *Yendi*, dont une partie est dans la zone neutre anglo-allemande de Salaga. Le docteur Gruner a été nommé résident dans cette région. Les Allemands tiennent le cours de la Daka et sont en contact, à l'ouest, avec l'hinterland anglais des Achantis, et au nord, avec le Mossi, récemment occupé par la France.

Le lieutenant allemand **Seefried** avait occupé *Bafilo*, à 200 km à l'ouest de Carnotville. Ce point, comme d'ailleurs celui de Sansanné-Mango, avait été placé sous l'influence française par Decœur en 1895. M. Ballot, gouverneur du Dahomey, et le lieutenant de vaisseau Bretonnet se sont rendus à Bafilo, ont convoqué les habitants, qui ont renouvelé le traité avec la France, et ont fait évacuer le poste allemand. Il en a été de même pour un autre poste allemand, établi près de *Kinki* (*Adye*). Des postes français sont installés depuis peu dans le Gourma et le Gando, faisant ainsi acte de possession effective.

Sans préjuger les arrangements que conseillera la commission mixte, il semble qu'une entente pourrait se faire en laissant à l'Allemagne les droits d'hinterland sur la région de Bafilo, du Mango et de Yendi, avec une délimitation, bien définie au nord, vers la haute Volta et la haute Daka. La France garderait le Gourma et le Mossi, dont l'occupation relie les hinterlands du Dahomey et de la côte de l'Ivoire. (V. p. 59.)

Cameroun. — La pénétration allemande s'est heurtée à un double obstacle, les difficultés de la traversée de la région montagneuse qui sépare la côte de l'Adamaoua, et l'hostilité des indigènes.

Les expéditions des lieutenants **von Stetten** et **d'Uestritz** ont atteint Yola en 1893, mais sans d'autre résultat que l'affirmation de droits hypothétiques sur des territoires occupés par des populations indépendantes et vigoureuses. Au contraire, les explorations françaises, remontant par les voies navigables qui ouvrent l'hinterland

4.

du Congo sur le lac Tchad, pénétrèrent sans peine dans l'Adamaoua, le lieutenant Mizon, entre autres, parti du Niger, aboutissait à Yola au moment où l'Allemand von Stetten le quittait; il gagnait les bonnes grâces du sultan de Yola, et, se dirigeant vers le Congo, reconnaissait l'importance du *Mayo-Kebi*, affluent de la Bénoué, au point de vue des communications avec la Chari, affluent du lac Tchad. L'occupation de Yola par un poste français émut les Allemands. Sur la demande du gouvernement impérial, des négociations furent ouvertes, et le traité du 15 mars 1894 a fixé la délimitation entre le Cameroun et le Congo français.

Cette convention complète et corrige celle qui a été signée en 1883 avec l'Angleterre, et qui, tout en laissant Yola en dehors de la zone d'influence allemande, prétendait fermer aux Français du Congo l'accès du Bornou.

La voie du *Mayo-Kebi* reste ouverte à la pénétration française, même dans la partie affectée à l'Allemagne. En revanche, la libre navigation du Chari, qui forme frontière sur une partie de son cours, est assurée aux deux pays; mais le poste fondé par Mizon à Yola a été évacué. Les Allemands se proposent de fonder une station commerciale à *Garoua*, point de croisement des routes de cette région, accessible à de grands vapeurs par la Bénoué.

Est-africain-allemand. — Des efforts très sérieux sont faits par les Allemands pour développer cette colonie et lui assurer un hinterland commercial dans la région du Tanganyika.

En 1893, une convention avec l'Angleterre a délimité la frontière dans la région du Kilimandjaro.

En 1894, les protestations de l'Allemagne, jointes à celles de la France, ont forcé l'Angleterre à résilier le traité qu'elle avait conclu avec le Congo belge, et qui lui assurait une bande de 25 kilom. du lac Tanganyika au lac Albert.

Le major de **Wissmann** a été nommé gouverneur de l'Est-africain-allemand (1895), en remplacement de M. de Schele. La nomination de cet officier énergique, qui a traversé deux fois l'Afrique, et qui, malgré l'échec de sa dernière expédition au lac Nyanza, est très populaire en Allemagne, témoigne des intentions du gouvernement allemand de tirer parti de la colonie.

Les Allemands ont déjà ouvert, de 1894 à 1896, entre le port de *Tonga* et *Korogoué,* dans l'Usambara, une voie ferrée qui sera prolongée jusqu'au Kilimandjaro, et peut-être plus tard jusqu'aux lacs intérieurs.

Un autre projet consisterait à relier *Dar-es-Salam* par *Tabora* avec *Uzizi* sur le lac Tanganyika, avec embranchements sur le lac Victoria et le long de la côte sur Bagamoyo. Il y aurait 1,800 kilom. environ à construire. Cette ligne ferait concurrence à la ligne que les Anglais construisent de Mombassa au lac Victoria. Mais les fonds officiels et privés allemands hésitent devant la dépense. L'exploitation paraît encore aléatoire, surtout à cause des dispositions peu sympathiques des peuplades noires, contre lesquelles de fortes expéditions seront encore longtemps nécessaires.

Une convention (1er juillet 1890) a délimité la frontière avec l'État libre de l'Est-africain (portugais).

COLONIE LIBRE DU CONGO

(ÉTAT INDÉPENDANT DU CONGO)

Les limites de l'État indépendant du Congo ont été réglées, depuis 1894, par les conventions suivantes :

a) Avec la France :

Par la convention du 29 avril 1887, « l'État indépendant du Congo s'était engagé à n'exercer aucune action politique sur la r. d. de l'Ouellé, au nord du 4e parallèle » Les Belges, prétendant que le M'bomou est la branche maîtresse de l'Oubanghi, et non l'Ouellé, avaient franchi la limite et créé des postes sur le M'bomou.

A la suite de difficultés survenues en 1894, une convention a réglé la délimitation des frontières et toutes les autres questions pendantes.

Cette convention, du 14 août 1894, stipule les articles suivants :

Article premier. — La frontière entre l'État indépendant du Congo et la colonie du Congo français, après avoir suivi le thalweg de l'Oubanghi jusqu'au confluent du M'bomou et de l'Ouellé, sera constituée ainsi qu'il suit :

1o Le thalweg du M'bomou jusqu'à sa source ;

2o Une ligne droite rejoignant la crête de partage des eaux entre les bassins du Congo et du Nil.

A partir de ce point, la frontière de l'État indépendant est cons-

tituée par ladite crête de partage jusqu'à son intersection avec le
30° de long. E. Greenwich (27° 40' Paris).

Art. 2. — Il est entendu que la France exercera, dans des conditions qui seront déterminées par un arrangement spécial, le droit de
police sur le cours du M'bomou, avec un droit de suite et de passage sur la r. g.

Art. 4. — L'État indépendant s'engage à renoncer a toute occupation et à n'exercer, à l'avenir, aucune action politique d'aucune
sorte à l'ouest et au nord de la frontière déterminée.

Convention de préemption. — Par la convention du 9 janvier 1895,
la Belgique s'incorpore les possessions de l'État du Congo comme
colonie libre ; le gouvernement belge, dès lors, se trouve substitué
aux obligations contractées par l'*Association internationale africaine*, devenue depuis *État indépendant du Congo*. — Un droit de
préférence a été assuré à la France, en avril 1884, pour le cas où
l'Association serait amenée un jour à réaliser ses possessions ; ce
même droit de préférence a été maintenu lorsque l'État indépendant du Congo a remplacé l'Association internationale.

Le transfert à la Belgique des possessions de l'État indépendant
a nécessité un arrangement du 5 février 1895, qui règle désormais
le droit de préférence de la France à l'égard de la **Colonie libre du
Congo**.

Article premier. — Le gouvernement belge reconnaît à la France
un droit de préférence sur ses possessions congolaises, en cas d'a
liénation de celle-ci à titre onéreux en tout ou partie.

Donneront également ouverture au droit de préférence de la
France, et feront, par suite, l'objet d'une négociation préalable entre
le gouvernement de la République française et le gouvernement
belge, tout échange des territoires congolais avec une puissance
étrangère, toute location desdits territoires, en tout ou partie, aux
mains d'un État étranger ou d'une compagnie étrangère investie de
droits de souveraineté.

Art. 2. — Le gouvernement belge déclare qu'il ne sera jamais fait
de cession a titre gratuit de tout ou partie de ces mêmes possessions.

Art. 3. — Les dispositions prévues aux articles ci-dessus s'appli-
quent à la totalité des territoires du Congo belge.

A cette convention est jointe la déclaration ci-après, du 5 février 1895, entre le gouvernement de la République française et le gouvernement belge, relativement aux limites de leurs positions respectives dans le Stanley-Pool :

La ligne médiane du Stanley-Pool jusqu'au point de contact de cette ligne avec l'île de Bamou, la rive méridionale de cette île jusqu'à son extrémité orientale, ensuite la ligne médiane du Stanley-Pool. L'île de Bamou, les eaux et les îlots compris entre l'île de Bamou et la rive septentrionale du Stanley-Pool, seront à la France, les eaux et les îles comprises entre l'île de Bamou et la rive méridionale du Stanley-Pool seront à la Belgique.

Il ne sera pas créé d'établissements militaires dans l'île de Bamou.

b) Avec l'Angleterre :

Par le traité du 12 mai 1894, entre l'État indépendant et la Grande-Bretagne, celle-ci s'était engagée à donner à bail au roi des Belges, souverain de l'État indépendant du Congo, certains territoires situés dans le bassin ouest du Nil, moyennant la cession à bail d'une bande de terrain de 25 kil., du Tanganyika au lac Albert. Cette concession permettait à l'Angleterre d'unir ses possessions du Cap à l'Égypte par le haut Nil.

L'article 5, particulièrement, autorisait la construction d'une ligne télégraphique reliant les territoires anglais de l'Afrique du Sud à la sphère d'influence anglaise du Nil.

La France et l'Allemagne ont protesté contre cette clause et l'ont fait abroger. (V. **Expansion des Allemands**, p. 52.)

Luttes contre les esclavagistes.

Depuis 1894, l'historique de la colonie du Congo continue à enregistrer les épisodes glorieux de la lutte contre les marchands d'esclaves. Les noms du baron **Dhanis**, des capitaines **Lothaire, Descamps** et de **Wauters**, sont particulièrement connus parmi les nombreux et énergiques officiers belges qui prennent leur part de cette noble et difficile tâche.

Ils ont fini par rejeter dans l'intérieur de la région du haut Nil, principalement dans la région comprise entre le Lualaba et le lac Albert, les bandes arabes, dont la plupart des chefs ont été tués ou capturés.

Dans une de ces expéditions, le capitaine Lothaire dut faire exécuter un traitant anglais, Stoke, qui fournissait des armes aux esclavagistes. Cette affaire suscita un procès retentissant devant la cour de Bruxelles. Lothaire fut acquitté (1896).

Trois postes ont été établis sur le Tanganyika. Le poste du centre est *M'tova*, en face de l'île de Kavala.

La lutte n'est pas close, et les officiers belges ont à compter avec de nouvelles incursions et même avec des séditions dans leurs propres troupes indigènes ; telle celle de Luluabourg, où ont péri récemment 15 blancs, dont 5 officiers ; 6 officiers ont été blessés. Le commandant Lothaire, qui commandait le détachement, composé de 800 hommes de l'armée congolaise, blessé deux fois, à peine remis de ses blessures, a écrasé la rébellion et assuré, pour quelque temps probablement, la sécurité du pays.

Chemins de fer. — Le 22 juillet 1896, a été inauguré solennellement la section de chemin de fer de *Matadi* à *Tumba,* 189 kil., en présence des autorités congolaises et du commandant Klobb, représentant de la France. On espère arriver en 1898 à Léopoldville (400 k.), sur le Stanley Pool.

Télégraphe de Boma au Tanganyika. — L'État indépendant du Congo a décidé la construction d'une ligne télégraphique de 3,000 kil. partant de Boma, par Matadi, Léopoldville, Stanley-Falls, le Manyéma, au Tanganyika. — En 1894, on a construit la section Boma-Kendgé, point terminus du chemin de fer. — Cette ligne se soudera à la ligne projetée par Cecil Rhodes, partant des possessions anglaises du Cap, et traversant l'Afrique du sud au nord, par la haute Égypte, jusqu'à Alexandrie.

Gouvernement. — Le gouvernement central est placé sous la haute direction d'un secrétaire d'État unique, chef de tous les services.

Au point de vue administratif, l'État du Congo est divisé en 14 districts en relations suivies avec le gouvernement central qui est à Boma.

Superficie : 2,253,000 kil. c. — Population (1896) : env. 14 millions d'hab. avec 1,325 blancs, dont 840 Belges ; 7 hab. au kil. carré.

Commerce général en 1895 : Importations, 11,836,000 ; exportations, 12,136,000.

Armée : 16 compagnies, commandées par 143 officiers et 146 sous-officiers européens, sont réparties dans les divers districts ; l'effectif était, en 1895, de 6,120 hommes, sans les cadres européens.

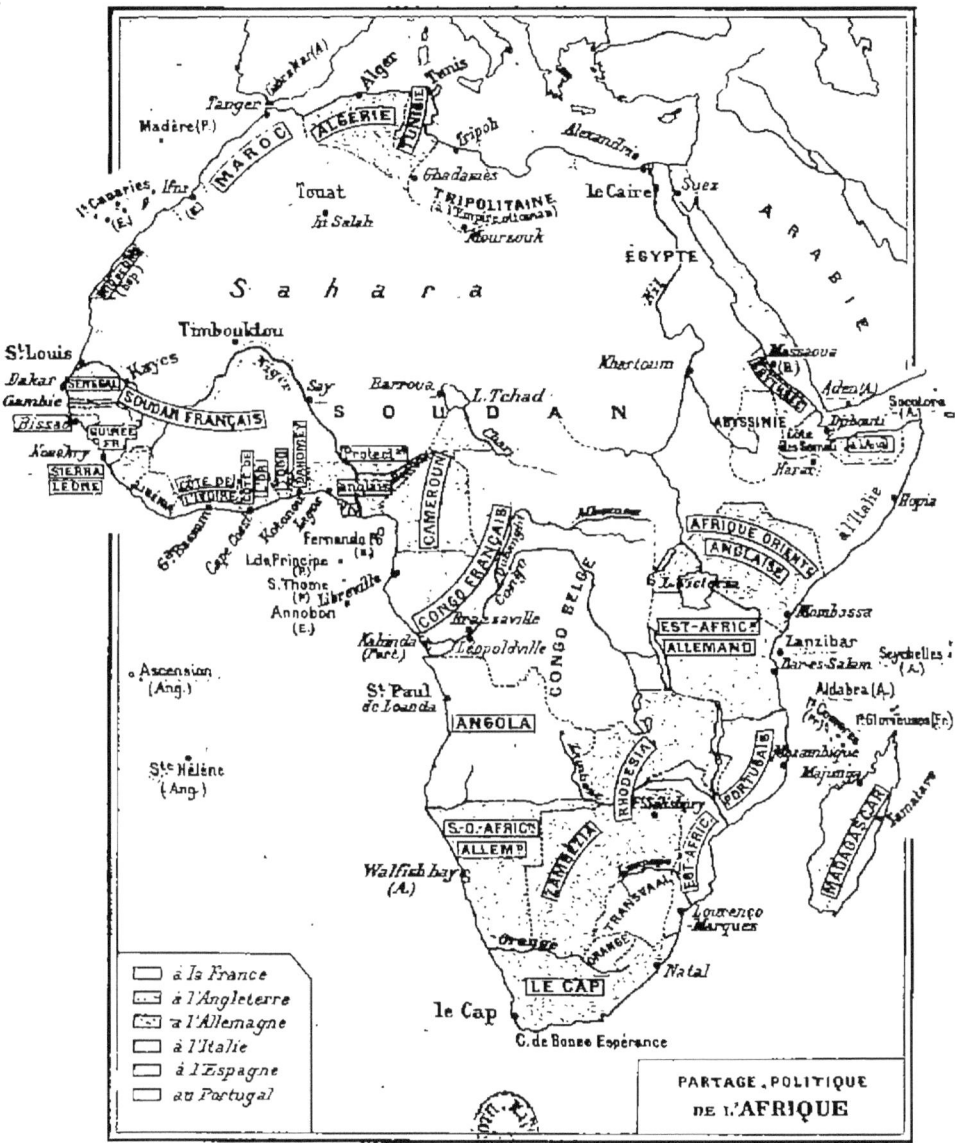

Madère (P.)

Tanger
Cabo Mar (A)
Alger
Tunis
MAROC
ALGÉRIE
TUNISIE
Tripoli
Alexandrie

I. Canaries
(E.)
Ifni
(E.)
Touat
Ghadamès
Le Caire
Suez

ti Salah
TRIPOLITAINE
(à l'Empire ottoman)
Mourzouk
ÉGYPTE

S a h a r a
ARABIE
Nil

Timbouktou
Khartoum
Massaoua
(B.)

St Louis
Kayes
Niger
ÉRYTHRÉE
Aden (A.)
Sacolora

Dakar
SÉNÉGAL
SOUDAN FRANÇAIS
Say
Barroua
L. Tchad
Djibouti
(A.)

Gambie
Bissao
GUINÉE
FRA.
Chari
ABYSSINIE
Côte française des Somalis

Konakry
SIERRA
LEONE
CÔTE D'IVOIRE
TOGO
DAHOMEY
Protect
anglais
CAMEROUN
Harar
Hopia

Cap Palmas
Niger
Benue
à l'Italie

Fernando Po
(E.)
Ogooué
AFRIQUE ORIENTALE
ANGLAISE

I. de Principe
(P.)
L. Victoria
Mombassa

S. Thomé (P.)
Libreville
CONGO FRANÇAIS
Congo
EST-AFRICA
ALLEMAND
Zanzibar

Annobon
(E.)
Brazzaville
Dares-Salam
Seychelles
(A.)

Ascension
(Ang.)
Kabinda
(Port.)
Léopoldville
CONGO BELGE
Aldabra (A.)

St Paul
de Loanda
Comores
I. Glorieuses (Fr.)

ANGOLA
Mozambique
Majunga

Ste Hélène
(Ang.)
RHODESIA
PORTUGAIS

S.-O. AFRIC.
ALLEM.
Salisbury
ZAMBÈZE

Walfisch bay
(A.)
Lourenço
Marquès

Orange
EST-AFRIC.
TRANSVAAL
Tamatave

Orange
Natal
MADAGASCAR

LE CAP

le Cap

C. de Bonne Espérance

à la France
à l'Angleterre
à l'Allemagne
à l'Italie
à l'Espagne
au Portugal

PARTAGE POLITIQUE
DE L'AFRIQUE

h. Tropi

Imp. E. Dufrénoy, 49, rue du Montparnasse, Paris

Le bas Congo, où les vapeurs moyens ne dépassaient pas *Boma*, est ouvert jusqu'à Matadi pour les vapeurs du plus fort tonnage.

Le réseau du haut Congo comprend actuellement 25 bâtiments de la marine de l'État et 16 bâtiments appartenant à des particuliers.

L'Etat du Congo a facilité l'établissement de nombreuses institutions religieuses. Actuellement, il existe 67 établissements appartenant à 15 corporations religieuses, et 223 missionnaires, dont 115 catholiques belges et 108 missionnaires protestants anglais, américains ou suédois

SOCIÉTÉ ANONYME D'IMPRIMERIE DL VILLEFRANCHE-DE-ROUERGUE
Jules Bardoux, Directeur

OUVRAGES DU COLONEL NIOX

Notions de géologie, de climatologie et d'ethnographie.
3ᵉ édition. — 1 vol. in-12 de vIII-195 pages, avec figures. 3 fr. »

France. — 4ᵉ édition (nouveau format), entièrement
remaniée. (1892), 1 vol. in-8º de 440 pages, avec carte et
nombreux croquis dans le texte . . . . 5 fr. »
    Relié toile . . . . 6 fr. »

Grandes Alpes, Suisse, Italie. — 3ᵉ édition. (1891),
1 vol. in-12 de vIII-290 pages, avec 3 cartes . . . . . 4 fr. »
    Relié toile . . . . 5 fr. »

Allemagne, Pays-Bas, Danemark, Russie occidentale
— 3ᵉ édition, entièrement remaniée. (1891), 1 vol. in-12.
de vIII-324 pages, avec 2 cartes . . . . 4 fr. »
    Relié toile . . . . 5 fr. »

Autriche-Hongrie, Péninsule des Balkans (en réimpression) . . . . 4 fr. 50
    Relié toile . . . . 5 fr. 50

Le Levant et le bassin de la Méditerranée (en
réimpression) . . . . 3 fr. »
    Relié toile . . . . 4 fr. »

Algérie et Tunisie. — 2ᵉ édition, (1890), 1 vol. de x-437
pages, avec carte d'Algérie et Tunisie au 1/2,000,000 ; carte
de l'Algérie au 1/5,000,000 ; du Sahara au 1/12,000,000
et figures dans le texte . . . . 6 fr. »
    Relié toile . . . . 7 fr. »

L'Expansion européenne. — (Empire britannique. — Asie
Afrique — Océanie). — 2ᵉ édition (nouveau format) entièrement remaniée et complétée (1893). 1 vol. in-8º de
448 pages, avec carte et nombreux croquis. . . . . . . 5 fr. »
    Relié toile . . . . 6 fr. »

Appendice, mis au courant jusqu'à la fin de l'année 1897. 1 fr. 25

RÉSUMÉ DE GÉOGRAPHIE

PREMIÈRE PARTIE : **La France**, 1 vol. in-8º, avec cartes et
croquis, broché, 2 fr. — Relié toile . . . . . . 3 fr. »
DEUXIÈME PARTIE : **L'Europe**, 1 vol. in-8º, avec cartes et
croquis, broché, 3 fr. 50. — Relié toile . . . . . 4 fr. 50
TROISIÈME PARTIE : **L'Asie, l'Afrique, l'Amérique et
l'Océanie**, 1 vol. in-8º, avec cartes et croquis, br., 4 fr.
— Relié toile . . . . fr. »

Expédition du Mexique (1861-1867)
Récit politique et militaire. 1874, 1 vol. gr. in-8, avec
atlas in-folio, plans gravés. . . . . 15 fr. »

ATLAS DE GÉOGRAPHIE GÉNÉRALE
35 cartes, avec Notices . . . . 50 fr. »
    Les cartes simples, vendues séparées avec notice . . . . 1 fr. »
    Les cartes doubles . . . . 2 fr. »

Carte de France, au 1/1,600,000. 5ᵉ édition . . . . 3 fr. 50
Carte d'Allemagne, au 1/1,600,000. 3ᵉ édition . . . . 3 fr 50
Cartes de la Frontière Franco-Allemande,
au 1/320.000. Deux feuilles en couleur . . . . 3 fr. »

Carte de l'Afrique centrale et australe, au 1/8.000.000 6 fr. »

ATLAS MANUEL
Atlas physique et politique, 56 cartes in-4º, rel. toile. 9 fr. »
— Avec supplément historique par M. Darsy, 80 cartes in-4º. 12 fr. »
Livret de Notices, rédigé spécialement pour ces atlas,
par le capitaine Malleterre, professeur à l'Ecole spéciale
militaire. Relié toile . . . . 3 fr. 75

IMP. NOIZETTE, 8, RUE CAMPAGNE-PREMIÈRE, PARIS

www.ingramcontent.com/pod-product-compliance
Lightning Source LLC
LaVergne TN
LVHW022031080426
835513LV00009B/977